빨간목욕탕

필이 지음

목차

추천사 9

프롤로그 11

희로애락 가득한 **빨간목욕탕**

서도밴드와 빨간목욕탕	16
인생 뭐 있다고? 하고 싶으면 하는 거지!	20
빨간목욕탕, 까만 장부에 올라간 이름 석 자	24
빨간목욕탕이 뭣이 간디	32
첫날, 무서운 언니한테 혼나다	43
무서운 언니의 반전!	52
타일이 부서졌다!	63
막내, 우유 신고식 합니다!	71
우울증을 고치는 마법의 파동, 빨간목욕탕	87
마사지 삼중기차	100
벌레 출몰 사건	112

가족애 가득한 빨간목욕탕

보석사우나에서 보석 같은 이야기를!   122

당당함을 잃지 않는 매력   132

할머니 등 밀어주다 엄마 생각이   139

좋았던 시절에 살고 있는 치매 할머니   146

군기반장 세신사 언니야   157

수영장이 된 온탕   173

지금 이 순간을 사랑하라   183

시어머니 사랑은 며느리   195

엄마는 짜장면이 좋다고 했다   205

빨간목욕탕에서 배우다   216

건강 가득한 **빨간목욕탕**

살 빼야 한다 그래야 산다	228
검정고무신 신던 그 옛날의 기억	242
사람 목숨! 다 때가 있는 기라	259
바다에서 팔팔 뛰는 생명력 넘치는 물고기처럼	271
내가 건강해야 벌어 먹고살지 핑계는 빼고	283
물대포를 쏴라	291
나이는 숫자에 불과하다는 진리!	298
주어진 대로 살아! 깨달음은 한순간에 오는 것!	307
남겨지는 것들	316
에필로그: 갑자기 닥쳐온 죽음과도 같은	325
아직, 끝나지 않은 이야기 : 흉터와 엄마, 그리고 빨간목욕탕	335

추천사

살아 있는 이야기. 살아가는 이야기.

작가의 일기를 훔쳐본 듯 웃음이 났다.
어딘가 모르게 비슷하기도 다르기도 한 살아있는 모습.

이 시대를 함께 살아가는 사람들.
빨간목욕탕에서 느껴지는 사랑의 모습들.
이건 우리가 살아가는 이야기다.

어느 때 사랑이 너무나 필요할 때
나도 빨간목욕탕에 가고 싶다.
배터리가 충전되듯 "이만하면 살아갈 만해." 하는 사랑의 마음을 안고 위풍당당 뽀송한 걸음으로 목욕탕 계단을 내려오리라.

가수 서도밴드 sEODo (서도)

프롤로그

 빨간목욕탕. 넌 뭐냐? 무엇이길래 이리도 눈물을 흘리게 만드냐. 쏟아지는 눈물을 샤워기에 씻어내리며 아무도 모르게 운다. 눈물이 물이 되고 물이 눈물이 되어 하염없이 그렇게, 그렇게 흘러내린다.

 예기치 않은 일을 겪으며 힘든 밤을 보내고 만다. 또다시 찾아온 불면의 고통과 심장이 조여오며 숨을 쉴 수 없는 고통을 느낀다! 빨리 혀 밑에 응급약을 넣고 숨을 고른다. 온몸이 땀에 젖는다. 또 한 번 죽을 고비를 넘긴 듯 힘겨운 숨을 몰아쉰다. 실로 오랜만에 찾아온 고통이다.

아무리 스트레스를 받지 말라고 해도 이 녀석은 나와는 상관없이 파고든다. 겨우 잠들었을 뿐인데 심장이 조여오고 숨이 막히고 식은땀이 온몸을 젖게 만든다. 나의 의지와는 전혀 상관없이 내 생명줄을 가지고 논다.

 그래서다. 아침에 눈을 떴다가 다시 감아 버렸음은. 머리만 숨겨놓고 자신은 꼭꼭 숨었다고 생각하는 타조처럼 이대로 눈을 뜨지 않으면 모든 일은 사라지고 없었던 일이 될 것만 같다. 그러길 바라며 눈을 감아 버린다.

 이대로 있다면, 이대로 있는다면 분명 난 하루 종일 일어나지 못할 것을 안다. 어쩌면 일어나지 못함이 오래 지속될지도 모른다는 불안을 느낀다. 가라앉다, 가라앉다 바닥에 들러붙어 떼어지지 않는 모습이 떠오른다. 불안감은 온몸을 짓누르며 커져만 간다.

바닥에 붙은 껌. 그 위로 차가 지나간다. 아스팔트 위에 그대로 붙어버린 껌딱지. 이렇게 붙어버린 껌딱지는 뜨거운 태양 아래 스멀스멀 녹다가 비바람에, 먼지에 점점 제모습을 잃어간다. 그러다 언젠간 사라지고 만다. 존재도 잊힌 채 그가 다녀간 흔적도 없이. 아니, 어쩌면 흔적이 조금은 남을지도 모르겠다. 제 모습을 잃은 뒤틀리고 얼룩진 모습으로.

일어난다. 이대로 있다가는 죽을 수도 있겠다는 생각에.

빨간목욕탕에 가자! 그곳에는 언니들이 있다. 세상 풍파 다 겪고도 죽을 고비 넘기고도 살아있는 살아가는. 자신을 사랑하고 아끼고 챙기는 언니들이 있는 그곳으로. 언니들의 에너지를 받고 오자. 언니들을 만나면 어쩌면 괜찮아질지도 모른다는 아주 막연한 마음으로 달려간다. 살고자 하는 욕망이 가라앉는 몸을 일으켜 세워 빨간목욕탕으로 이끈다.

희로애락 가득한 빨간목욕탕

서도밴드와 빨간목욕탕

 이과수 폭포와 같이 눈물을 흘린다. 음악 하나 듣고서는 울면서 그대로 기절해버린다. 얼마나 울었는지. 울다가 지쳐 꺼억꺼억 소리만 나오다 그대로 쓰러져버린다.

 집에 텔레비전이 없다. 핸드폰에 실시간 TV 앱을 깔아 주말에 하는 〈불후의 명곡〉과 〈열린음악회〉만 본다. 그 외 뉴스는 유튜브를 보면 되고 영화는 영화관에 가서 보면 되고 드라마는 안 본다. 그러니 텔레비전이 없어도 불편하지 않다. 물론 음악도 유튜브로 듣는다.

그러던 어느 날 유튜브 알고리즘이란 녀석이 국악 크로스오버 경연프로그램인 〈풍류대장〉을 보여준다.

'이게 뭐지?'
 정말로 '딱!' 이 마음이다. 국악을 기반으로 하는 쟁쟁한 소리꾼들이 국악기며, 양악기며, 춤사위며, 소리며, 노래며 말할 것도 없이 휘몰아치며 팽팽한 경연을 펼치는데 눈이 휘둥그레지고 만다. 그러다 조금씩 '서도밴드'라는 참가자에게 끌리기 시작한다. 뭔가 남다른 게 보이기 시작한다. 보컬의 독특한 이미지와 목소리, 밴드가 갖춰주는 든든함. 음악을 모르는 나조차 끌리는 무엇인가가 있다. 그러다 〈매일매일 기다려〉를 듣고는 그대로 기절하고 만다.

얼마나 울었는지 모른다.

망자를 표현하다니. 어떻게 망자가 가는 그 길을 〈매일매일 기다려〉에 담을 수가 있는가. 망자에게 경의를 표하듯 까만 망사로 된 가면을 쓰고 노래를 한다. 악기를 연주하는 멤버들도 까만 눈물을 흘린다. 그러다 중간에 보컬이 춤사위를 하는데……. 떠나는 자의 넋을 기리는 살풀이와도 같다. 어느샌가 눈에서 눈물이 멈추지 않음을 느낀다. 아니, 느끼지도 못하게 물이 쏟아져 내린다. '죽음'에 약한 나는 정말이지 물이 차올라 저절로 쏟아져 흐르는 것처럼 '엉엉' 울고 만다.

이것이 시작이다. 이날 이후 서도밴드는 삶이 된다. 서도밴드가 나오는 유튜브를 찾아다니기 시작한다. 그러다 〈풍류대장〉 1회부터 정주행을 시작해서는 그날 밤이 새도록 전화를 다 보고 만다.

아!
해가 떠오르는 것을 보며 잠이 든다. 이대로 서도밴드에 빠져 헤어나지 못할 것을 예감하면서……

'서도실록'이라는 팬카페가 있다는 걸 알게 되고 그곳에도 가본다. 하지만 선뜻 문을 두드리지는 못한다.

'이 나이에 무슨!'
자신이 없다. 팬클럽이라는 것도 처음인데다 오십이 넘은 나이, 건강하지 못한 몸은 움츠러들기에 충분하다. 몇 번을 그 앞에 갔다가 다시 돌아선다. 그러기를 수차례. 유튜브만 주구장창 찾아보며 아쉬움을 달래다 결국 마지막 관문을 통과하듯 팬클럽 문을 두드린다.

인생 뭐 있다고? 하고 싶으면 하는 거지!

"인생 뭐 있다고. 그래. 하고 싶으면 하는 거지. 뭐."

 3년 전, 4개월의 입원 생활과 1년 가까이 이어진 재활치료로 다니던 직장마저 그만둬야 했다. 그럭저럭 잘 살아간다고 생각했다. 갑자기 찢어질 듯한 통증으로 다시 병원을 찾고 다시 입원하고 다시 수술을 하기 전까지는 말이다.

 다시 하게 된 다리 수술과 입원. 다 나았다고 생각한 우울증이 조금씩 고개를 든다. 나를 잡아먹으려는 듯 서서히 숨을 조여온다. 안 된다. 이대로 다시 우울의 늪에 빠질 수는 없다. 한 번 빠져버리면 일어날 수 없다. 헤어나려고 발버둥 칠수록 더 깊은 진흙탕으로 빠져버리는 늪과도 같은 우울에 또다시 빠지고 싶지 않다. 안 된다. 그럴 수는 없다. 이번에 빠져버리면 다시 살 수가 없음을 안다. 안 된다. 안 된다. 그럴 수는 없다.

 살릴 것을 찾아야만 한다. 나를 살려줄 것을. 숨을 조이며 다가오는 우울을 저만치 던져버릴 것이 필요하다. 고개 드는 우울을 때려눕힐 것이 필요하다. 서도밴드다! 서도밴드의 음악이 나를 살려줄 것임을 본능적으로 느낀다! 강렬한 이끌림으로 서도밴드를 찾는다. 지구별 한가운데서 강하게 끌어당겨 오늘도 이 땅에 발을 붙이고 살아 있게 하듯이 그렇게 오늘도 서도밴드를 찾는다. 깊은 우물에서 건져줄 나를 살릴 동아줄 서도밴드!

 서도밴드는 재활치료가 된다. 서도밴드 노래를 들으며 울고 웃는다. 나의 편이 되어 준다며 흐르는 내 눈물을 닦아준다. 일어날 힘을 준다. "어기야 디여차!" 노를 저으며 걱정 시름을 떠나보낸다. 강렬하다. 서도밴드 노래를 들을수록 서도밴드 공연에 가고 싶은 열망이 커져간다. 그곳에서 살아있는 나를 느끼고 싶다. 서도밴드와 함께 호흡하고 싶다. 서도밴드와 함께 노래하고 춤추고 싶다. 강렬한 희망은 나를 일으켜 세운다. 우울에 빠질 시간을 주지 않는다. 서도밴드로 재활치료를 한다. 서도밴드 노래로 잠이 들고 서도밴드 노래로 일어난다. 24시간을 서도밴드와 함께한다. 서도밴드는 자극적인 재활치료다. 나를 살릴 재활치료다.

"너무 가고 싶다. 서도밴드 공연 실제로 보고 싶다! 얼른 나아서 가고 말 테다!"

그 하나의 목적으로 재활치료를 열심히 한다. 그리고 마침내 퇴원하는 날. 이번에야말로 두 번 다시 병원 신세를 지지 않겠다고 다짐한다. 그래서 찾은 곳이 바로 '빨간목욕탕'이다.

나에겐 다른 선택지가 없다. 연골이 다 닳았기에 맨땅에서는 최대한 걷지 말라는 의사 선생님의 지시가 내려졌다. 생활에 필요한 걸음 외에는 운동으로는 걷지 말라는 것이다. 어깨 상태도 썩 좋지 않기에 수영도 과격하게 해서는 안 된다고 한다. 그저 물에서 왔다 갔다 걷는 것이 가장 좋단다.

"저, 의사 선생님! 그럼 목욕탕 다니는 건 괜찮을까요? 집 가까이에 목욕탕이 있는데요."
"아, 좋습니다. 목욕탕에 가서 다리도 풀고 걷고 아주 좋습니다!"

앗싸! 이리하여 빨간목욕탕에 가게 된다.
건강하기 위하여. 건강한 몸으로 서도밴드 공연에 다니기 위하여.

내일부터 시작이다. 빨간목욕탕.
기대된다. 내 건강을 책임져줄 빨간목욕탕.
서도밴드의 노래를 흥얼거리며 설레는 마음으로 잠을 청해본다.
어쩐지 오늘은 좋은 꿈을 꿀 것만 같다.

빨간목욕탕, 까만 장부에 올라간 이름 석 자

 해도 뜨지 않아 까만 하늘에 칙칙한 색으로 무장한 네모 난 건물. 그 위에 적힌 빨간 글자. 빨.간.목.욕.탕! 사람들은 괴기스럽다, 으스스하다며 '빨간목욕탕'을 더욱 궁금해한다. 그래도 좋다. '빨간목욕탕'이지 않은가. 앞으로 나의 건강을 책임져줄 '빨간목욕탕' 말이다.

 미라클모닝(아침을 일찍 여는 블로그 모임이다. 이른 아침에 일어나 자신이 정한 아침 루틴을 한다. 운동을 하거나 글을 쓰거나 책을 읽거나 명상을 하기도 한다. 저마다의 아침 루틴으로 새벽을 깨우는 사람들이 모인 곳이다)을 시작한 첫날! 일찍 일어나 새벽을 열었다는 것부터 벌써 기분이 좋다. 모두 잠든 시간에 깨어나 뭔가 한다는 것 자체가 이리도 기분 좋은 일이라는 걸 처음 느낀다. 전날 준비해 둔 목욕 바구니를 들고 목욕탕으로 간다.

 주차장이 넓다. 역시 시골은 이것이 장점이다. 땅을 넓게 쓸 수 있다. 다리 건너 면에만 가도 목욕탕 주차장이 이리 넓지 못하다. 넓지 못한 정도가 아니라 서너 대 겨우 댈 수 있다. 이렇게 넓은 주차장을 보유하고 있는 목욕탕이라니……. 벌써부터 빨간목욕탕이 마음에 든다.

 '복지회관 목욕탕'이라는 간판이 눈에 띈다. '복지회관 목욕탕'이 어쩌다 '빨간목욕탕'이 되었는지 궁금한가? 실은 미라클모닝 톡방에 '목욕탕' 인증 사진을 올렸더니 어느 날부터 '빨간목욕탕'이 되었다. 새벽 어두침침한 건물에 빨간 글씨로 쓰인 '목욕탕'이라는 간판이 강렬했나 보다. 어느 순간부터 너도나도 그 목욕탕을 '빨간목욕탕'이라 부르기 시작한다. 비 오는 날 찍은 인증 사진은 공포 영화 스틸컷으로 충분하다.

불이 환히 밝혀져 있다. 이른 시간이라 생각했는데 아니었나 보다. 환한 빛이 '빨간목욕탕' 특유의 으스스함을 사라지게 한다. 빛이 부르는 곳으로 간다. 입구 옆에 요금표가 붙어 있다.

일반	3,000원
군민 경로우대	2,300원
어린이	2,300원

1개월

목욕	50,000원
목욕 + 헬스	50,000원

작고 낡은 시골 목욕탕이라고 무시했었던 걸까. 헬스장이 있는 것을 보고 놀란다. '작아도 있을 건 다 있구나'. 그런데 조금 이상하다. 목욕만 하나, 목욕과 헬스를 같이하나 어째 그 값이 같다. 헬스장이 맞긴 한 건가? 의심도 잠시, 공짜인 헬스에 마음이 간다. '공짜면 양잿물도 마신다'는 속담도 있지 않은가. 언젠가 헬스도 한번 도전해볼까? 아니다. 의사

선생님이 과한 운동은 하면 안 된다고 했다. 어디까지나 물에서 왔다 갔다 걷고, 다리 많이 풀어주고, 스트레칭하라고 했다. 절대 무리해서는 안 된다. 명심. 명심.

그나저나 이 가격 실화인가. 요금안내를 보며 믿을 수 없어 입이 벌어진다. 내 눈이 잘못된 건가. 눈을 비비고 다시 쳐다본다. 그래도 가격이 같다. 아무리 생각해도 믿을 수가 없다. 고개가 갸우뚱 기울여진다. 그렇게 한참을 서 있는다. 누가 보면 왜 저러고 서 있나 싶었을 것이다. 어쩌면 피식 웃었을지도 모르겠다. 입이 저절로 "아!" 하고 벌어져서는 속이 다 보일 정도였으니 말이다.

한 달 목욕비가 50,000원! 지역사랑상품권을 사용하면 10퍼센트가 추가 할인되니 결국 45,000원이 된다. 세상에나. 세상에나. 이렇게나 착한 가격이 있다니……. 50,000원이면 세 식구 한 끼 밥값이다. 아니, 돼지갈비라도 먹을라치면 한 끼 밥값으로도 모자란 금액이다. 건물이 낡은 것도, 게슴츠레 술 취한 듯 흐리멍덩한 분위기도 모든 것이 용서가 되는 가격이다. 저절로 웃음이 난다.

실실 웃으며 흐뭇한 마음으로 들어서니 작은 창문이 열려 있고 그 안에 예쁜 할머니가 앉아 있다.

"어제 전화한 사람인데요. 한 달 목욕하려고요."
"달목욕? 못 보던 얼굴인데 이사 왔나?"
"이사는 작년에 왔는데……. 이제부터 달목욕 하려고요."
"젊은 사람이 일찍도 왔네?"
"네. 얼굴이 너무 고우세요. 곱게 화장도 하시고. 전 자다 깨서는 이렇게 왔어요. 헤헤."

머리카락은 부스스하다 못해 하늘을 향해 제 마음대로 날아다니지, 세수도 안 해 꼬질꼬질한 얼굴은 '까마귀가 보면 나랑 놀자' 할 얼굴이다. 한마디로 지금 내 몰골은 말이 아니다. 자고 일어나 눈곱도 안 떼고 왔으니 말해 무엇하겠는가. 반팔 티셔츠에 추리닝 바지, 추리닝 점퍼 하나 후딱 걸치고 나왔다. 누구나 그렇지 않은가. 생각해보라. 목욕탕에 가며 누가 씻고 가는가. 누가 잘 차려입고 목욕탕에 가는가, 누가! 그렇다. 창피해서 억지 부리고 있다. 실은 여기 할머니, 언니 중에는 잘 차려입고 오는 분들도 꽤 있다. 목욕 후 바로 일하러 가는 분들이라면 특히 그렇다. 오히려 나처럼 대충 챙겨서 오는 사람은 거의 없다. 쓰고 보니 더 창피한 마음이 든다.

 새벽의 깜깜한 어둠은 칙칙한 나를 감춰줄 것이다…라는 생각은 착각이다. 주인 할머니가 있는 이곳은 밝다. 놀람과 동시에 그래도 안심한다. 창문이 작으니 내가 잘 안 보일 것 같다. 혼자 놀라고 혼자 안심하며 주인 할머니를 본다. 할머니는 이것저것 정리하느라 전혀 신경쓰지 않는 눈치다. 혼자서 오만 가지 생각을 하고 있었다. 그만 피식하고 웃음이 샌다. 주인 할머니는 손으로는 무언가를 챙기면서 살짝 고개를 들더니 활짝 웃는다.

"여기 앉아서 5분 만에 화장한 거다."

 입꼬리가 살짝 올라간 것이 기분이 좋으신 것 같다. 정말 고우시다. 초록색 티셔츠가 환한 얼굴을 더욱 밝혀준다. 동그란 얼굴에 살짝 띤 웃음. 덩달아 내 입꼬리도 올라간다. 할머니의 밝은 미소가 내게 선물처럼 다가온다.

 새벽, 목욕탕에 오기 직전에 읽었던 글귀가 떠오른다.

'표정은 얼굴을 만들고 얼굴은 운명을 바꾼다.'

온화하고 부드러운 얼굴. 주인 할머니의 얼굴이 그렇다.

집에서 나오며 엘리베이터 거울을 보며 '씩'하고 웃어봤다. 웃는 얼굴을 연습하기 위해서다. 그런데 주인 할머니 얼굴은 연습한 얼굴이 아니다. 그냥 본인의 얼굴이다.

밝은 미소!
온화한 얼굴!

작고 낡은 목욕탕, 이 작은 공간에서 어쩜 이리도 밝은 미소를 볼 수 있단 말인가. 매일 이곳에 오면 이토록 온화한 얼굴을 보며 하루를 시작할 수 있단 말인가. 주인 할머니의 미소로 행복해지는 아침이다.

"지금은 사물함이 다 주인이 있어가 남는 게 없고, 조만간 안 오는 사람 거 정리해서 주께. 그때까지는 불편해도 차에 갖고 다니라."
"네, 괜찮습니다."
"이름이 뭐꼬?"
"네?"

"여기 적어놔야지. 혹시 안 오고 하면 전화도 해봐야 되고."
"아, 네."

'회원 관리' 그런 건가 보다. '작은 목욕탕이라도 회원 관리도 하고 꽤 괜찮은데?'라는 생각도 잠시 할머니가 볼펜을 집어 든다. 그러고 보니 컴퓨터는 그 어디에도 없다. 그럼 어디에다가 회원 관리를 한다는 것이지? 궁금증은 금방 해결된다. 할머니가 까만 장부를 펼친다. 표지가 두꺼운 까만색으로 된 커다란 공책. "잘살아보세."를 한참 외치던 80년대에나 있었을 법한 두꺼운 까만 장부. 그곳에 내 이름 석 자와 전화번호가 기록된다. 재밌다. 그 옛날로 타임머신을 타고 간 것만 같다. 괜히 웃음이 난다.

'빨간목욕탕'

시작부터 신이 난다. 아직 목욕탕 안은 들어가지도 않았는데 말이다. 목욕탕 안에서는 어떤 세상이 나를 기다리고 있을까. 이상한 나라의 앨리스마냥 호기심 가득 안고 목욕탕 안으로 들어간다. 새로운 세상을 열어줄 빨간목욕탕 안으로. 신기한 세상이 펼쳐질 것만 같은 기대를 안고.

빨간목욕탕이 뭣이 간디

 빨간목욕탕은 여느 때와 다름없다. 다른 점이라면 토요일이 주는 여유로움이 빨간목욕탕 전체를 감싸고 있다는 것뿐.

 "어서 오이소."

 오늘도 말간 미소로 나를 반기는 주인 희자 언니의 인사가 왜 이리 반가운 걸까. 아무렇지 않은 세상이 반갑다. 마치 어제 있었던 일은 악몽이었다고 이제 꿈을 깼으니 괜찮다고 말해주는 것만 같다. 그러니 오늘을 살라고 말이다. 일상이 이렇게나 감사한 것이었던가.

"토요일인데 뭐 하러 이래 일찍 오노? 일도 안 갈긴데?"

막내라며 잘 챙겨주는 63살, 경숙이 언니는 오늘 아들 집에 가서 자고 온단다. 그래서 토요일인데도 평소보다 더 일찍 왔단다. 그래봤자 나보다 조금 일찍 왔을 뿐인데 빨리 나가야 한다며 서두른다. 나와 말을 하면서도 손은 쉴 새 없이 움직인다. 비누칠한 타월로 온몸을 닦아낸다. 원래도 잘 웃던 언니가 오늘은 더 많이 웃는다. 비누 거품마저 춤을 추듯 뽀글뽀글 몸을 타고 내린다. 신난다며 미끄럼을 탄다. 평화로운 모습이다. 비누 거품 묻혀 몸을 닦는 모습이 이렇게나 평화로운 모습이던가. 아들 집에 간다며 신난 언니의 행복이 내게도 전해진다. 마음이 찡해온다.

머리에 트리트먼트를 바르고 있는데 작은 대야가 쑥 들어온다.

"아나. 얼굴이나 발라라."

마사지하는 천연 곡물 크림을 잘 주는 복희 언니다. 80이 넘었지만 내게는 언니다. 내가 언니 딸보다 나이가 어리다

해도 나에게는 언니다. 빨간목욕탕에서 아침을 같이 열며 정들어버린 모두가 다 언니다. 이젠 그렇게 하기로 한다.

"등에 좀 발라주까?"

아니라고, 괜찮다고 말할 새도 없이 복희 언니는 손에 곡물크림을 덜더니 등에 골고루 발라준다. 넓은 등에 언니의 투박한 손이 지나간다. 지나가는 곳마다 따듯한 길이 생겨난다. 그렇게 온 등이 따듯해지고도 남을 만큼이나 지났을 때 찰싹 소리가 난다.

"살 좀 빼야겠다."

언니 등을 마사지해줄 때면 엄마가 해주던 것처럼 마무리는 '찰싹'하며 손도장을 찍었다. 그랬더니 언니도 나처럼 손도장을 찍으며 일침을 가하는 것이다. 살 좀 빼라며. 엄마가 온 것만 같다. 엄마가 어린 필이에게 등을 다 밀어주고 마무리라며 '찰싹'하는 것만 같다. 엄마가 "필이야, 살 좀 빼라."라고 말해주는 것만 같다. 엄마가 내게 온다.

"그치예? 살 빼야 될 낀데. 빠지지는 않고 살이 자꾸 더 찌네에."

 언니들 앞에서 애교 부리는 막내처럼 사투리를 마구 섞어 말한다. 언니들과 한바탕 웃는데 눈에서 물이 쪼로롱 매달린다. 빨간목욕탕은 좋다. 눈물을 숨길 수 있으니. 그저 목욕탕 습기가 목욕탕 물기가 눈에 맺힌 것뿐이라며 모른 척 웃을 수 있으니.

 빨간목욕탕에서 늘 보던 언니가 보이지 않으면 불안하다. 지난번 몸집이 작고 귀여운 83살, 미희 언니가 며칠 보이지 않더니 병원에 입원하고 오지 않았는가. 마당에서 넘어져 입술이 다 깨지고 무릎이 퉁퉁 부었다며. 그나마 더 크게 다치지 않아 5일 입원하고 돌아올 수 있었다며 나와 둘이서 "다행이다. 그만 하이 다행이다."를 얼마나 외쳤던가. 미희 언니는 입술에 생긴 상처가 보기 흉하다며 거울을 보며 속상해한다. 다행이라며 안도하면서도 상처가 신경 쓰인다.

 이러니 빨간목욕탕에서 자주 만나던 언니가 한동안 보이지 않으면 불안한 건 당연하다. 나보다 세 살 많은 젊은 언니라 해도 오십이 넘은 나이 아닌가. 언제 어느 때 무슨 일이 있을지 불안한 나이인 건 마찬가지다.

나에게 막내 자리를 빼앗긴 세 살 많은 경희 언니가 오랜만에 빨간목욕탕에 온다. 항상 일찍 와서 쌩하니 일찍 하고 가는 언니다. 아마도 빨간목욕탕에서 가장 먼저 목욕을 마치고 가는 언니일 것이다. 그러니 자주 이야기 나누지도 못한다. 그러던 언니가 한동안 보이지 않아 걱정하던 참이었다.

"언니, 그동안 안 보여서 걱정했잖아요. 어디 다녀오신 거예요?"
"장애인 엄마하고 목욕탕 다닌다고."

엄마가 장애인이라는 말에 더 어떻게 물어야 하나 잠시 주춤하는 사이, 경희 언니가 먼저 말한다.

"여기서 목욕하고 또 가서 장애인 엄마하고 목욕가니깐 힘들더라고. 그래서 한동안 장애인 엄마하고 목욕탕 다녔지."

빨간목욕탕 문을 열자마자 와서는 5시 30분쯤이면 쏜살같이 나간 이유가 바로 장애인 엄마와 목욕탕을 가기 위해서

였다는 것이다. 내 목소리엔 '장애인 엄마'를 둔 경희 언니에 대한 애잔함이 담긴다. 어쩌면 일말의 동정인지도 모른다. 비장애인이 장애인을 보며 가지는 동정심. 자신이 '정상인'이라 다행이라는 안도와 함께 '장애인'이라 안됐다는 안타까운 시선. 언제 장애를 가지게 될지 모르는, 언제라도 장애인이 될 수 있는 '비장애인'임을 망각한 채 언제나 '정상인'인 것처럼, 그렇게 안도한다. 목소리에 조심스러움이 묻어난다.

"친정엄마인 거예요?"
"아니."
"그럼, 시어머니인 거예요?"

저절로 목소리가 높아진다. 친정엄마와 목욕탕 다니는 건 그렇다 쳐도 시어머니와 목욕탕 다니는 건 좀 다르지 않은가. 아무리 딸 같은 며느리라 해도 며느리는 며느리이고, 친정엄마 같은 시어머니라 해도 시어머니는 시어머니다. 아직 우리나라 정서에는 불문율처럼 내려져 오는 정설이다. 잘못된 고정관념이고, 편견이고 선입견일지라도 대한민국 여자들의 DNA 속에 잠재되어 있는 무의식을 어쩌겠는가. 나도 대한민국 여자들 속에 한 명이다. 그러니 믿을 수 없다는 듯 큰 목소리가 저절로 튀어나온다.

"아니."

 이건 또 무슨 말인가. 친정엄마도 아니고 시어머니도 아니면 무슨 엄마란 말인가. 궁금증을 다 알고 있다는 듯 경희 언니는 빵실빵실 웃으며 나를 본다.

"장애인 엄마, 케어한다 아이가. 한 30년 됐다."
"네?"

 놀라움에 목소리가 커져 버린다. 빨간목욕탕 안의 물방울들이 볼륨을 높이듯 더 크게 만들어 주위 언니들이 쳐다본다. 우린 아무 일 없다는 듯 같이 웃는다.

 알고 보니 경희 언니는 요양보호사처럼 어르신 케어를 하는데 언니는 좀 더 전문 분야로 장애인 분을 모신다는 것이다. 어르신 케어도 힘든데 장애를 가지신 분을 케어한다니. 그것도 30년이 다 되었다고 한다면 경희 언니가 20대였을 때부터 해왔다는 것이다. 놀라지 않을 수 없다. 나도 모르게 입이 쩍 벌어져 다물어 지지가 않는다. 내 모습을 보고 경희 언니는 그럴 줄 알았다는 듯이 웃는다. 이 반응을 많이 겪은 것처럼 웃음에 여유가 묻어 있다.

"우리 신랑이 장애인 분들을 좋아해가지고. 내는 그래도 돈 받고 이래 하는데 우리 신랑은 돈도 안 받고 한다. 지 좋아서 하는 걸 내가 어짤끼고. 젊어서부터 그렇데. 신랑 따라다니다가 나도 장애인 분이 좋아져가지고 이렇게 안됐나. 평생을 장애인분들이랑 같이 산다."

"많이 힘드시겠어요. 장애 없는 분들 케어도 힘든데 장애 가지신 분들이라."

측은한 마음이 목소리에 가득 담긴다. 아마도 얼굴에는 안됐다는 안타까움이 가득할 것이다.

"어어어. 장애인 분들이 나를 살리는데? 장애인분들이 나를 행복하게 해주고? 장애 없는 사람들은 행복한 줄을 모른다. 감사한 줄도 모르고. 근데 우리 장애인 분들은 날마다 행복하다. 감사한 것이 넘쳐난다. 조금만 뭐 해드려도 감사하다 하고 행복해한다. 당연히 해야 하는 걸 해도 감사하다고 하고 얼마나 행복해하는지 모른다. 같이 있으면 나도 행복해진다. 얼마나 좋은데."

 경희 언니는 눈이 감길 정도로 환하게 웃는다. 안경 속 눈이 작아져 더 이상 보이지 않도록 환하게. 세상 행복을 다 가진 사람처럼 그렇게 환하게.

 언니는 원래도 웃는 인상이다. 피부도 하얗고 나처럼 '뚱뚱'은 아니지만 약간 '통통'한 몸매에 얼굴도 동그랗다. 짧은 머리에 다부지게 생겼다. 항상 안경을 쓰고 있어서 빨간목욕탕이 습기로 가득해서 앞이 잘 보이지 않는다고 해도 언니는 찾을 수 있다. 나 다음으로 가장 어린 언니여서인지 더 가깝게 느껴진다. 이야기를 나눌 기회가 많지는 않지만 친언니처럼 가깝게 느껴지는 것은 어쩔 수 없다. 항상 웃고 있어서인지 언니를 생각하면 웃는 인상이 가장 먼저 떠오른다. "막내 자리 빼앗아서 죄송합니다." 장난하며 같이 웃는 얼굴이.

 내게 있었던 일들이 보잘것없게 여겨진다. 수많은 불면의

밤들. 심장이 조여와 죽음을 맛보게 하던, 죽을 만큼 힘들다고 생각하던 일이 별것 아닌 듯 여겨진다. 빡빡 밀어낸 때를 물로 씻어내듯이 빨간목욕탕 물과 함께 그동안 쌓인 슬픔이 하수구로 떠내려간다. 오물을 뒤집어쓴 듯 더러웠던 기분이 빨간목욕탕 물과 함께 하수구 저 깊이로 떠내려간다. 온몸을 추위로 꽁꽁 얼게 만든 두려움과 무서움이 빨간목욕탕 온기로 녹여진다. 발바닥에서부터 따듯함이 시작되어 다리며 허리며 배며 가슴을 지나 머리카락 한올한올까지 전해진다. 온몸이 따듯해진다.

 또다시 빨간목욕탕의 물기로 눈물을 감춘다. 그럼에도 꺼이꺼이 새는 소리를 막을 수 없다. 샤워기 물을 세게 틀어 머리로 물을 맞는다. 눈물인지, 목욕물인지 알 수 없을 정도로 물을 세게 튼다. 얼마나 그러고 있었던가. 경희 언니는 오늘도 빨리 나간다. 장애인 엄마를 만나러 가는 것이겠지. 그것이 소풍 가는 아이처럼 신날 일인가. 저리도 웃으며 가벼운 걸음으로 갈 수 있다니.

 빨간목욕탕! 넌 뭐냐? 무엇이길래 사람을 이렇게나 울리는 것이냐.

물어도 대답도 없다. 혼자 묻다 대답 없는 빨간목욕탕을 뒤로 하고 돌아온다. 나쁜 녀석.

다행이다. 살겠다. 이제는 살겠다. 언니들이 준 사랑. 오늘도 내게 준 말씀. 살아온 모습 그대로 보여주는 그들의 삶이 아름답다. 80이 넘어도 자신을 가꾸고 자신을 사랑하며 자신을 챙길 줄 아는 그들의 지금이 아름답다. 주름 하나하나에 새겨진 그들의 역사가 그들의 젊은 지난날들이 아름답다. 늙어감조차 일상으로 받아들이는 그들의 내일이 아름답다. 나도 이렇게 살고 싶다. 나도 이렇게 늙고 싶다. 나를 사랑하며 나를 챙기며 그렇게 하루하루 늙어가고 싶다. 빨간목욕탕 언니들처럼.

빨간목욕탕! 넌 뭐냐. 무엇이길래 사람을 이렇게 만들어 놓냐. 여전히 빨간목욕탕은 대답이 없다. 나쁜 녀석.

마음이 울렁거린다. 무엇 때문인지 나는 모른다.
빨간목욕탕은 모든 걸 안다는 듯 오늘도 괴기스러운 모습을 하며 웃고 있다.

첫날, 무서운 언니한테 혼나다

 신발장에 신발이 제법 많다. 분명 5시에 문을 연다고 했는데 지금 시각은 5시 20분! 환한 불빛이 하루를 시작하는 발걸음을 이렇게나 많이 불러 모았나 보다. 신기하다. 이른 아침을 여는 사람들이 많다는 사실이!

 문을 열면 보이는 것은 한가운데를 차지하고 있는 마루다. 그것도 두 개가 '딱!'하고 붙어 있다. 짙은 주황색 같기도 하고 옅은 나무색 같기도 한 알쏭달쏭한 색이 칠해진 마루다. 나무로 만들어진 커다란 마루가 탈의실이 제집인 양 한가운데를 다 차지한다.

마루 위에는 직사각형의 플라스틱 큰 바구니들이 올려져 있다. 바구니 안에는 벗어놓은 것인지 옷들이 있고 옷 위를 수건으로 잘 덮어놓은 모양이다.

'어? 옷을 왜 여기다 벗어놓았지?'

궁금한 마음을 안고 '하얀색이었을' 사물함에 옷을 넣는다. 이 녀석은 목욕을 안 한 것인지 누런색에 가깝다. 아마도 세월의 흔적을 잔뜩 묻힌 것일 테지. 게다가 껍질까지 여기저기 벗겨진 채다. 그 모습이 주름이 진 얼굴 같다. 이 녀석도 빨간목욕탕처럼 늙은 게 분명하다. 별 시답잖은 생각을 하며 앞쪽에서 세 번째 사물함에다가 짐을 넣고 열쇠를 잠근다. 열쇠가 전혀 돌아가지를 않는다.

'고장인가?'

그 옆 사물함으로 짐을 옮긴다. 이번에는 문이 다 닫히지 않는다. 다시 그 옆으로 옮긴다. 이제야 문이 잠긴다.

'이래서 사람들이 플라스틱 바구니에 담아놓는 건가?'

또다시 의문을 안고 목욕탕 안으로 들어선다.

열 명쯤 되는 사람들이 목욕탕 안에 있다. 목욕탕이 생각보다 뜨겁지는 않다. 아직 문을 연 지 얼마 안 된 시간이어서 그런 것인지, 사람이 그리 많지 않아서 그런 것인지는 모른다. 약간은 썰렁한 듯한 느낌으로 빈자리에 앉는다.

'물이 왜 이렇게 나오지?'

물살이 너무 약하다. 예전에 살던 산골 집에서 나오는 물처럼 약하다. 아니, 그보다 더 약한 것 같다. 다른 곳으로 옮긴다. 여긴 아예 수도꼭지가 샌다. 우산이 찢어져 그 사이로 비가 다 새어 들어오는 것처럼 물이 샤워기 끝까지 도달하지 못하고 중간에서 '콸콸콸콸' 새고 있다.

'한 번에 제대로 된 걸 찾을 수가 없네!'

"거는 고장 났다. 여는 잘 나오는구만. 와 거까지 갔노?"

내 생각을 읽은 걸까? 나이 많은 언니 한 분이 바로 옆자리를 가리키며 말한다. 목욕 바구니를 들고 얼른 자리를 옮긴다. 드디어 물이 잘 나오는 곳을 찾았다. 나도 모르게 "유레카!" 소리 지를뻔한다. 이게 무엇이라고 이리도 기쁘단 말인가!

산골, 물살이 약한 곳에서 살다 지금 살고 있는 아파트로 이사를 와서 제일 좋았던 게 바로 이 물이 잘 나온다는 것이다. 세찬 물줄기를 맞으며 샤워할 수 있다니……. 기쁨도 행복도 잠시다. 1년 넘게 살다 보니 물 잘 나오는 게 너무도 당연한 것이 되어버린다. '당연한 것'이 되어버리니 '감사함'도 사라져버렸다.

예전에 비하면 얼마나 편리하고 좋아진 것인지 새삼 물 잘 나오는 지금 자리에 오니 감사함을 다시 느낀다.

'온탕'이라고 적힌 곳에 먼저 들어간다.

'에게? 물이 왜 이리 차갑지?'

'온탕'이라고 하기엔 너무도 차가운 아니, 미지근한 탕이다. 왜 이리 미지근한지는 모른다. 빨간목욕탕에서는 이것이 '온탕'인가 보다.

 대부분 가운데에 모여 서로 등을 맞대고 있다. 가만 보니 아래에서 물이 폭포처럼 올라오고 있는 것이 보인다. 언니들의 맞댄 등 사이로 폭포물이 '퐁퐁퐁' 솟구치고 있다. 폭포를 맞으며 서로 등을 맞대고서 이야기꽃을 피우니 이곳이 꼭 '사랑방' 같다. 이곳은 앞으로 '온탕'이 아니라 '미지근한 탕'이라고 부르기로 한다.

 옆에 있는 '열탕'으로 간다. 아! 여기야말로 '온탕'이다. 너무 좋아 몸을 푹 담근다. 종아리도 주무르고 어깨도 주무른다. 그러다 물속에 몸을 '폭'하고 담근다. 머리까지 다 집어넣고 말이다.

 물속에 몸을 맡기는 걸 좋아한다. 엄마 배 속에 있었을 때처럼 몸을 동그랗게 말아 물속에 몸을 담근다. 그러다 보면 서서히 몸이 풀어지면서 온몸에 힘이 빠진다. 엄마 배 속에 있는 것처럼 평안함이 온몸을 감싼다.

이른 아침을 열어 시작한 기쁨에 취한 것일까. 온탕의 따뜻함에 취한 것일까. 너무 좋은 나머지 한참을 그러고 논다. 물론, 사람이 없을 때.

젊은 언니 두 명이 온탕으로 들어온다. 옆에 있는 미지근한 탕에서 넘어온다. 그제야 나는 냉탕으로 가서 운동을 하고 온다. 왔다 갔다 걷다가 수영을 한다. 물론 수영이라고 하기에도 뭐하다. 온몸을 물에 담그고 엎드린 자세에서 발끝으로 벽을 살짝 밀면 그대로 '쭉' 앞으로 나간다. 그것이 내게는 수영이다.

차가워진 몸을 녹이기 위해 다시 온탕으로 들어간다. 다른 분들이 계시니 몸만 푹 담근 채다. 얼마나 있었을까? 젊은 언니 두 명 가운데 조금은 더 나이가 있어 보이는 언니가 나를 향해 몸을 돌린다.

"거참, 젊은 사람이 머리에 모자를 써야지, 모자를! 여 다 한식구 같은 사람들이 쓰는 곳인데 머리를 그리 지 박으면서 모자를 안 쓰면 우야노. 머리카락 빠져가 우얄라꼬. 어쩔 때는 손을 막 이렇게 해보면 머리카락이 마 얼마나 잡히는

지. 나이 많은 사람들은 몰라서 그란다 케노 젊은 사람이 그
라면 안 되지!"

 머리카락을 건져내는 것처럼 손을 '쫙' 편 채 물을 가른다.
머리카락이 잡히지는 않는지 그대로 몇 번 물살을 가른다.
처음엔 무엇을 쓰라는 것인지 못 알아듣는다. 모자를 쓰고
목욕을 하다니 생각도 안 해 봤고 어디서 본 적도 없기 때문
이다. 가만 보니 언니는 굵은 헤어밴드를 하고 있다. 옆에 조
금 더 젊어 보이는 언니는 헤어 캡을 쓰고 있다. 헤어밴드를
가리키며 묻는다.

"모자라면 지금 쓰고 있는 이런 건가요?"
"이런 것도 되고 뭐 다 되지. 머리카락 안 빠지게 쓰는 거.
거 안 있나? 다이소 가면 천지다."

 목소리가 굵고 인상을 쓰며 말하니 무섭다는 생각이 제일
먼저 든다. 그래도 잘못한 건 잘못한 것이니 잘 알고 앞으로
하지 않으면 되지 않겠는가.

"네, 죄송합니다. 당장 가서 사 올게요."

"젊은 사람이 참나……."

 혀를 차며 밖으로 나간다. 남아 있던 좀 더 젊은 언니가 나가는 언니를 한 번 보고는 다시 나를 보며 말한다.

"여는 쪼맨한 데라 누가 누군지 다 알거든. 다 한식구 같고 그래서 그라는 거니깐 너무 안 좋게 생각하지 말고. 저 언니가 좀 말을 그래 한다. 속은 좋은데 말이 좀 그렇다."
"아닙니다. 제가 몰라서 그런 걸요. 지금 쓰고 있는 이런 걸 사올까요? 아까 저거보다 이게 더 머리를 다 가릴 수 있어서 괜찮은 것도 같고요."

 머리 전체를 다 덮는, 헤어 캡을 쓰고 있는 젊은 언니의 머리를 다시 한번 자세히 본다. 보통 머리에 물 들어가지 말라고 쓰는 것 같긴 한데 여기서는 탕에 들어갈 때 머리카락 빠지지 말라는 용도로 쓰는 것 같다.

"뭐 이런 것도 되고. 다이소 새로 안 생겼나. 거기 가면 많다."
"네, 오늘 바로 가서 사 올게요."

웃으며 이야기하지만 놀란 것도 사실이다. 머리에 모자를 쓰고 있는 언니들이 그렇게 많지 않다. '왜 나만?'이라는 생각이 올라왔지만 이내 가라앉는다. 말하지 않았는가. '젊은 사람'이 그러느냐고. 다른 언니들은 이 언니가 말한 '젊은 사람'과는 조금 거리가 먼 언니들이니.

일을 마치고 바로 다이소로 간다. 종류가 그리 많지는 않다. 목욕 바구니도 작은데 잘됐다. 목욕 바구니도 좀 큰 걸로 사고 헤어 캡도 산다. 내일은 당당하게 헤어 캡을 쓰고 목욕탕에 가리라 다짐한다.

'빨간목욕탕'의 첫날, 새로운 도전에 대한 두려움과 설렘을 느낀다. 주인 언니와의 만남에서는 따스함을, 무서운 언니와의 만남에서는 당황스러움을 느낀다.

그러나 인생은 반전이 있으니 재미있는 법 아니던가!
이 무서운 언니의 반전! 기대해봐도 좋다!

무서운 언니의 반전!

 평소보다 늦은 날이다. 앉아서 샤워할 수 있는 곳은 저마다 주인이 있다는 걸 알려주는 듯 목욕 짐들이 주인을 대신해서 자리를 지키고 있다. 구석구석 둘러보다 두 자리가 비어 있는 걸 발견한다. 다행이다.

 자동 등밀이 기계가 있는 양쪽 구석에 자리가 있다. 기계를 마주 보고 오른쪽 구석, 왼쪽 구석. 각각 한 자리씩 자리가 비어 있다. 좁은 공간에 자동 등밀이 기계가 있으니 언제나 맨 마지막에 주인을 찾게 되는 자리이다. 그래도 이게 어딘가. 앉아서 편하게 씻을 수 있으니 말이다. 자리를 잡기 위한 발걸음이 빨라진다. 그러다 낯이 익은 얼굴이 눈에 들어온다.

'헉! 무서운 언니네? 저쪽으로 가야겠다. 제발 나 보지 마라. 나 보지 마라. 제발!'

 첫날 나를 혼내던 무서운 언니가 가까이에 있다. 기계를 마주 보고 왼쪽 구석 바로 옆에! 조금 더 넓어 그쪽으로 향하던 내 발길은 자연스럽게 오른쪽으로 방향을 바꾼다.

 등밀이 기계 오른쪽 구석, 빨간목욕탕에서 가장 구석지고 가장 좁은 자리! 팔을 살짝만 뒤로 해도 기계에서 자동으로 등을 밀고 있는 사람과 부딪힌다. 샤워기로 물을 틀어도 최대한 뒤쪽으로 물이 튀지 않게 조심해야 한다. 중요한 것은, 기계로 때를 밀고 있으니 그 밀려 나온 때가 이 자리 가까이로 떨어진다는 것이다.

 언니들이 등만 미는가. 분명 이름은 '자동 등밀이 기계'라고 적혀 있지만 우리 언니들은 배며, 허벅지며, 팔이며 전신을 이 기계로 민다. 기계와 한 몸이라도 되려는 듯 끌어안는 자세도 종종 본다.

 찰떡에 붙은 가루처럼 몸과 하나 되어 있던 때들이 기계의 움직임에 버티다, 버티다 밀려나는 현장이다. 지우개 가루 뭉치처럼 떨어지는 때들이 사방으로 튀며 이 자리까지 오는 것은 당연. 그러다 보니 기피 1순위 자리가 되는 것도 당연. 그럼에도 지금은 이 자리가 무서운 언니를 피할 수 있는 안전한 자리다.

무서운 언니가 바로 뒤쪽에 있다는 것만으로도 떨림이 시작된다.

'조용히 씻고 가야겠다.'

혼자 다짐하며 자리로 간다. 무섭다. 첫날 혼나던 기억이 제법 강하게 새겨졌나 보다. 단순히 혼나서 무서운 걸까? 아니다. 목소리도 굵고 낮고 표정도 잔뜩 화가 나 있다. 입꼬리가 아래로 삐죽 내려가 불만을 가득 담은 얼굴이다. 손가락만큼 짧은 머리는 언니의 인상을 더 강하게 만든다. 혼난 기억은 이러한 인상을 더욱 사납게 만들기에 충분하다.

하나 남은 빈자리에 할머니가 앉는다. 진짜 할머니다. 허리도 약간 꾸부정하고 걸음도 벌려서 걷는다. 뽀글뽀글 파마가 다 풀린 것인지 아니면 원래부터 뻗치는 머리인 건지. 머리카락은 하늘을 향해 뻗어 있다. 그래도 머리숱이 많은 건 부럽다.

"할매, 이리 대 봐라. 등 밀어 주께."

 이게 무슨 소리인가? 무서운 언니의 낮고 굵은 목소리가 아닌가? 나도 모르게 고개를 돌려 쳐다본다. 무서운 언니가 할머니 쪽으로 방향을 틀어 앉아 있다.

"내가 피부가 아파서 등을 몬 민다."
"등 밀면 피부가 아파?"
"까죽이 얇아가 밀면 아파."

 할머니가 자신의 팔을 만지며 말한다.

"내 살살 해주께. 이리 대 봐라. 등을 밀어야 탕에 들어가제. 수세미(때수건) 어딨노? 이거가?"

 할머니가 때수건을 내민다.

"이게 뭐꼬? 이게 수세미가? 아고 더러버라. 이거 버리라."

파란색이었을 때수건이 거무죽죽한 모습으로 축 처져 있다. 때수건으로의 수명을 일찌감치 마감한 것으로 보인다.

"이거 내 오늘 가지고 온 거다. 이래 비누로 깨끗이 빨아가 해주께."

유치원 아이에게 설명을 하듯 차근차근 끊어서 또박또박 말한다. 노란색 때수건에 비누를 잔뜩 묻혀 손으로 비벼 거품을 낸다.

"봤제? 깨끗이 씻었제? 이제 등 밀어 주께. 살살 하께."

잠깐만!
이게 누구지?
내가 알던 무서운 언니가 맞나?
맞다!

목소리를 아무리 높이며 밝게 말해도 특유의 굵고 낮은 목소리를 숨길 수는 없다.

"할매, 목욕탕 와도 등은 안 밀제? 내 오늘 시원하게 밀어 주께. 깨끗이 씻고 탕에 드가자."

할머니 등을 밀어주는 것이 오직 탕을 깨끗이 하기 위함이라는 걸까? 그러고 보니 나에게 모자 쓰라며 나무랄 때도 '식구 같은 사람들이 쓰는 곳'이라고 했다. 그렇다면 이건 탕을 위한 친절인가? 할머니를 위한 친절인가?

모른다.
이것이면 어떻고, 저것이면 어떤가. 중요한 것은 첫날부터 나를 혼내던 그 무서운 언니가 할머니 등을 밀어주고 있다는 것이다. 나는 처음 보는 할머니다. 대화를 들어보면 무서운 언니도 잘 아는 사이 같지는 않다. 가깝게 챙겨야 하는 사이도 아닌데 몸이 불편해 보이는 할머니라고 등을 밀어준단 말인가? 무슨 이유로?

목욕탕 물을 깨끗이 하기 위해서 할머니 등을 씻어주는 것이든, 할머니 등을 깨끗이 해주기 위해서 등을 밀어주는 것이든 그건 이미 중요하지 않다. 머릿속에서 떠나 저 먼 우주로 날아가 버린다.

"할매, 등 시원하제? 이리 주바라. 비누질도 해주께."
"됐다. 여는 내가 하면 된다."

이번엔 비누를 잔뜩 묻혀 씻어준다. 팔뚝까지 거품 칠을 하고 허리까지 골고루 해준다. 할머니는 미안하다는 듯 팔을 내저으며 그만하라고 한다. 내젓는 팔도, 그만하라는 말도 힘이 없다.

"나나라. 하는 김에 하면 된다."

이번에는 샤워 꼭지로 물을 틀어 거품을 헹궈준다.

"할매, 이거 버리라 하니깐 언제 또 주서 놨노? 이리도. 버리구로."

생을 마감한 때수건을 언제 주워 놓았는지 할머니는 파란색이었을 거무죽죽한 때수건을 살그머니 목욕 바구니 구석에 넣어둔 것이다. 그걸 무서운 언니가 또 발견한 모양이다.

"이런 거 쓰니깐 피부가 아픈 기다. 이런 거 쓰면 안 된다. 이거 가져 가가 쓸라 그랬제?"
"내가 자꾸 까먹는다. 금방 들어도 모른다. 버린다 캤게 와 거 있노?"

할머니는 정말이라는 듯 당황한 표정이다.

"할매, 이거 오늘 한 번 쓴 거니깐 이거 가지고 가서 써라. 이래 비누로 빨아 주께."

무서운 언니는 노란색 때수건에 비누를 잔뜩 묻혀 또다시 양손으로 빡빡 비빈다. 거품이 손 전체를 덮어 흐른다.

"뭐 할라꼬. 집에 가면 새거 있다. 새거."
"새거 있으면 뭐 하노? 쓰지도 않는 거. 새거 안 쓰고 뭐 할라꼬?"
"내가 자꾸 까먹는다. 집에 가면 잊자뿌가. 그래서 글타."
"할매, 이거 깨끗이 빨았응께 이거 쓰면 된다? 이거 여기에 놔두께. 까먹지 말고 써라. 알았제?"

 할머니를 쳐다보며 웃기까지 한다. 놀랍다. 내가 알던 바로 그 언니가 맞나? 나를 혼내던 바로 그 무시무시한 언니 말이다. 지금의 내 표정을 본다면 두 눈이 앞으로 '띠옹'하고 튀어나오는 만화 속 주인공 얼굴일 게 틀림없다. 그 정도로 믿을 수 없는 광경이다.

"시원하제? 등을 밀어야 목욕한 거 같지."
"그래, 시원하다. 젊은 사람이 참말로……."

 젊은 사람이!
 그렇다. 무서운 언니도 할머니 앞에서는 '젊은 사람'이다. 새로운 깨달음에 마냥 놀라고 만다.

"할매, 인자 따신물에 드가면 된다."
"어어, 그래."

 어쩌다 보니 내가 할머니와 함께 온탕으로 들어간다. 그사이 무서운 언니는 목욕을 마치고 나간다.

무서운 언니의 정확한 나이는 모른다. 63살 경숙이 언니가 "네, 언니!"라며 대답하는 걸 봤으니 그보다는 많다는 것은 알겠다. 음식점을 한다는 것도 안다. '묵은지 김치찜'을 전문으로 한다고 한다.

"그 언니가 음식 솜씨가 좋아. 장사가 얼마나 잘 되는데……. 우리도 먹을라하면 미리 전화해놓는다. 그래야 묵지. 안 그라면 못 먹는다."

묵은지 김치찜!
왠지 무서운 언니랑 닮았다. 무뚝뚝한 듯, 무심한 듯 무서운 듯하지만 알고 보면 마음속에 가마솥을 얹어놓고 산다. 묵은지로 끓여야 제맛인 김치찜처럼 진한 사골 같은 사랑이 언니의 마음속에 살고 있다.

무서운 언니의 반전!
놀라움과 새로움이다.
뭔가 모를 울컥함이 가슴 깊은 곳에서 서서히 퍼져 나온다.

이젠 무섭지 않냐고?

무섭다.

첫날 혼난 기억은 이미 기억 속에 박혀버려 지울 수가 없다. 하지만 좋다! 이젠 무서운 언니를 보며 일부러 피하지는 않겠다.

여전히 무섭지만 좋은!
좋지만 여전히 무서운 언니!

언니의 반전은 이날이 처음이다. 여전히 무뚝뚝한 얼굴에 찡그린 인상에 낮고 굵은 목소리로 화난 듯 말한다. 그러면 어떤가. 이미 언니의 반전을 봐버린 것을!

타일이 부서졌다!

"부서졌는가베?"
"그렇네. 부서져뺐네!"

아니, 타일이 부서져 온탕을 사용하지 못한다는데, 겨우 "부서졌는가베?", "그렇네, 부서져뺐네!"로 끝날 일인가.

빨간목욕탕에 다닌 지 3일째 되는 날!
세상에나 놀라운 일이 벌어지고 만다. 바로 온탕 타일이 부서진 사건이다. 온탕 벽을 이루는 커다란 타일이 두 개나 부서져 있다. 당연히도 온탕에 물은 하나도 없고 부서진 타일 옆에는 '사용금지'라는 글자가 커다랗게 적혀 있는 종이가 붙어 있다.

온탕 타일이 부서지기 직전이라는 걸 첫날에는 전혀 몰랐다. 아니, 첫날에 여기서 얼마나 많이 놀았던가. 그렇게 머리까지 물에 넣고 둥둥 뜨는 놀이를 하다 무서운 언니에게 혼나기까지 하지 않았던가. 쉬는 날 하루 사이에 무슨 일이 벌어졌단 말인가.

더 놀라운 것은, 부서진 타일을 보고 놀라는 사람이 나밖에 없다는 것이다. 모두들 아무 말도 없이 부서진 타일을 한 번 보고는 미지근한 탕에 들어간다. 당장 탕 하나를 사용하지 못하니 이 작은 탕에서 북적북적하게 모여 있어야 하지 않는가. 그런데도 누구 하나 불만을 표하지 않는다니! 누구 한 명 어제 쉬는 날에 고칠 것이지 왜 쉬고 온 다음 날 이렇게 되었느냐고 책망하지 않는다. 이걸 어떻게 받아들여야 한단 말인가. 나 혼자 놀란 눈을 하고서는 옆에 언니에게 묻는다.

"타일이 부서진 거예요?"
"그런갑네."

"그럼, 어떻게 해요? 안 고치나요?"
"고치겠지."
"어제 쉬는 날이었는데……."
"그렇네. 아침에 부서졌뺐나? 그라면 표가 날 낀데. 오니깐 깨끗하게 저리 돼 있던데……."

 확실히 쉬는 날인 어제, 목욕탕 물을 빼고 청소하고 정리할 때 부서졌던 게 분명하다. 문이 열리자마자 목욕탕에 들어온 언니가 봤을 땐 이미 깨끗하게 정리되어 있었다고 하니 말이다.

 사실, 아침 일찍 물을 받을 때 발견한 것인지도 모른다. 하지만 내 마음은 미리미리 손보고 고쳐놓지 않은 주인 언니를 원망하고 싶어진다. 괜히 기분 나쁘고 짜증 나는 감정을 다른 사람 탓으로 돌리고 싶은 그런 마음처럼 말이다.

"계속 여기만 사용해야 하는 거예요?"

 아무리 봐도 이 작은 탕에 모두가 있는 건 불편하다. 다리 하나 '쭉' 펼 수가 없다. 다리를 펴고 주무르고 스트레칭도 하고 싶은데 이곳에 다 들어와 있으니 그럴 수가 없다.

"그라먼? 타일이 부서져뻤는데 우짜노?"

 우리의 대화를 듣고 있던 또 다른 언니가 옆에 있는 언니를 보며 말한다.

"아저씨 있을 때는 고장 나면 얼른얼른 고치고 그랬는데. 이제 가고 없응께 뭐 하나 고장나면 한참 있어야 된다."
"아저씨 있을 때는 좋았지. 이래 고장 나기 전에 손 다 안 봤나. 지금 물도 제대로 안 나오는 게 얼매나 많노? 그래도 때 되면 다 고쳐준다. 우얄끼고. 기다려야제."

 주인 언니의 남편분이 돌아가셨다고 한다. 남편분과 함께 하실 때는 목욕탕이 낡긴 해도 고장 나면 바로바로 고쳐주고 고장 나기 전에도 손보고 그랬다고 한다. 언제 돌아가셨는지는 모르지만 지금 있는 언니들은 그것을 다 받아들이고 그저 때 되면 고쳐줄 것이라고 믿고 기다린다.

 어린애 배고프다고 보채는 것마냥 부서진 타일을 오늘이라도 당장 고쳐 달라고 말하고 싶었던 내 모습이 부끄러워진다.

빨간목욕탕!
 이곳은 참 이상하다. 이렇게나 작고 낡은 목욕탕인데 사람들은 어쩜 이렇게도 많이 오는 걸까? 오는 언니들도 다양하다.

 농사짓는 언니들부터 장사를 하는 언니, 요양보호사나 청소원처럼 다른 사람 밑에 고용되어 있는 언니들, 다슬기를 잡거나 약초를 캐러 다니는 언니들, 돼지나 소를 키우는 언니들, 무형문화제 전수자로 텔레비전에 나오는 언니, 건물주까지! 내가 알고 있는 언니들만 해도 이 정도이다.

 집도 다 제각각이다. 목욕탕 근처에 사는 언니들부터 차가 없으면 올 수 없는 곳에 사는 언니들까지! 어쩜 이리도 다양한 사람들이 이곳으로 모이는 걸까? 그것도 이렇게나 이른 아침에.

 수압이 약해 물이 적게 나와도, 샤워줄이 갈라져 물이 줄줄 새도, 온탕 타일이 부서져 미지근한 탕에 모두 들어가 불편하게 있어도 누구 하나 불만을 말하지 않는다. 다 때가 되면 고쳐줄 것이라 한다. 안달 난 사람은 오직 나뿐이다.

역시 빨간목욕탕은 이상한 곳이 틀림없다. 그렇지 않고서야 어떻게 이렇게나 느릿할 수가 있느냐 말이다. 내 돈 주고 와서 불편함을 감수한다니. 상상도 못 할 일이다. 그런데 여기 언니들은 한다. 약국이 있는 3층짜리 건물이 있는 언니도 그렇게 한다. 가게를 하며 '사장' 소리를 듣는 젊은 언니도 그렇게 한다. 단순히 가격이 저렴해서 이 목욕탕을 찾는 것이 아님은 분명하다. 그러기엔 다리 하나만 건너면 더 크고 좋은 시설의 사우나가 있다. 언니들에게 이 빨간목욕탕은 어떤 의미일까? 나에게는 또 이 빨간목욕탕은 어떤 의미로 남겨질까?

"오늘도 안 고쳤네요?"

조급한 마음을 끝내 버리지 못하고 타일이 부서진 지 3일째 되는 날 결국 또 짜증을 내고 만다.

"하이고 참, 그게 그리 쉽게 뚝딱 고쳐지는가? 쉬는 날이나 돼야 안 고치겠나?"

"네?"

 꼬박 일주일을 기다려야 한다는 말인가? 그렇다. 부서진 타일은 꼬박 일주일 만에 원상 복귀되었으나 붙인 타일을 말려야 하는 관계로 또 이틀을 사용하지 못한다.

 체감상 2주, 날짜로는 10일이 걸린다. 그 사이 그 누구도 불만을 말하지 않는다. 나만 빼고!

 지금도 미스터리다. 어떻게 언니들은 그 불편을 감수하면서 있을 수 있었던 걸까? 어느 누구 하나 빨리 고쳐달라는 말 한마디 하지 않고 '때 되면 다 고쳐 줄 것'이라며 그저 묵묵히 기다리고 있었던 걸까? 늘 있는 일이라면 그것대로 불만이 될 텐데 어떻게 그럴 수가 있는 것일까? 세속에 찌든 나로서는 도저히 이해가 되지 않는다. 빨간목욕탕이 신비한 힘이라도 있는 것일까? 그래서 사람 마음을 흘리기라도 했을까?

 무엇인가 안 되면 바로 고쳐지기를 바란다. 당장 오늘만 해도 엘리베이터가 고장 나 얼마나 힘든가. 안달 나고 보챈다고 해결되지 않는다. 이른 아침에 당장 와서 엘리베이터를 고쳐줄 수가 없다. 그렇다면 어떻게 해야 하는가? 감수할 수밖에 없다. 계단을 이용해야 한다. 엘리베이터 앞에 서서 왜 안 고쳐주느냐고 안달한다고 해결이 되는가? 나만 답답해질 뿐이다. 시간은 시간대로 허비하고 감정은 감정대로 소비한다. 고쳐지기를 기다리며 다른 대안을 찾으면 된다. 그것이 현명하다.

달리 생각해보면 답이 보인다. 그러니 보챈다고 해결될 것이 아님을 언니들은 알았던 게 아닐까? 시간의 흐름대로 기다리면 해결이 된다는 것을 언니들은 벌써 알고 있었던 것이다. 당장 어떻게 손쓸 수 없다는 것을. 기다리는 것이 가장 현명하다는 것을. 언니들은 이미 알고 있었다.

비로소 이해가 된다. 타일이 부서진 것 앞에서 발을 동동 구르며 빨리 고쳐내라고 왜 안 고치느냐고 혼자만 시간 낭비, 감정 낭비를 하며 보낸다. 그 사이 언니들은 상황을 그대로 받아들이고 그것에서 자신들의 평화를 찾는다. 이것이 언니들과 나의 가장 큰 차이였음을 이제야 알게 된다. 나도 빨간 목욕탕의 마법에 걸리기를 바란다. 어서 언니들을 닮도록!

막내, 우유 신고식 합니더!

 너무 신나 소리가 삐쳐 나오려고 한다. 드디어 빨간목욕탕 식구로 인정받는다. 목으로 삐쳐 나오는 소리를 겨우겨우 참는다. 손과 발은 참을 수 없어 저절로 온몸을 휘젓는다. 누군가 본다면 분명 정신이 빠진 사람이 흐느적흐느적 춤추고 있는 것으로 보일 것이다. 틀림없다. 상관없다. 나를 정신 나간 사람으로 쳐다볼 그분들을 향해 인사를 한다.

"저요. 빨간목욕탕 식구가 되었어요. 빨간목욕탕 식구로 인정받았다구요. 좋겠죠?"

 발이 땅에 닿는 건지 공중 부양을 하며 가는 건지 알 수 없다. 흐느적흐느적 춤추며 집으로 돌아온다. 현관문을 열자마자 참지 못하고 소리가 '빽' 하고 튀어나온다. 아이에게 우유를 보여주며 자랑한다.

"엄마, 드디어 빨간목욕탕 식구가 됐어. 빨간목욕탕 식구가 됐다고!"

빨간목욕탕을 다닌 지 며칠이 지나서다. 목욕을 마치고 탈의실 한가운데를 차지하고 있는 넓은 마루에 퍼지고 앉아 로션을 바르고 있다. 주인 희자 언니가 작고 네모난 바구니에 우유를 잔뜩 담아서 안으로 가지고 온다.

"오늘은 허경숙이 산 거야."

마루 위에 우유 바구니를 올려놓고 간다. 옆에 있던 언니가 목욕탕 안으로 가지고 들어간다.

'오래 다니면 우유도 나눠 먹고 그러나 보네?'

큰 사우나 같은 곳에 가면 서로 친한 사람들끼리 커피나 식혜 같을 걸 사서 나눠 먹지 않는가. 여기는 우유를 그렇게 나눠서 먹나 보다. 나도 언젠가 빨간목욕탕 식구가 되면 우유를 먹을 수 있겠지? 우유 먹을 날을 꿈꾼다.

 며칠 전, 평소보다 늦게 온 탓에 하루가 늦어져 허둥지둥거리며 나가는데 희자 언니가 부른다.

"어여, 우유 가지고 가라!"
"네?"
"우유 가지고 가라고. 지금 우유 넣을라고 했더만……."
"네? 전 아닌데요?"
"응? 오늘 김은하가 우유 돌렸다. 가지고 가면 된다."
"……."

 우유를 받아들고는 어떻게 해야 할지 몰라 멀뚱멀뚱 희자 언니만 바라보고 있다.

"그 간판 집 하는 사람 안 있나. 그 사람이 돌렸다. 달목욕 하는 사람들 이렇게 우유 돌리고 한다. 가지고 가면 된다. 달

목욕하는 사람들끼리 한두 달에 한 번씩 이래 돌리고 하는 기다. 괜찮다. 가지고 가면 된다."
"아! 고맙습니다."

그제야 웃으며 우유를 손에 꼭 쥐고서 나온다. 드디어 내가 '빨간목욕탕 식구'로 인정받았다. 돌아오며 결심한다. 머지않아 막내, 필이가 우유 신고식을 하겠노라고!

그 우유 신고식을 오늘에야 하게 된다. 원래는 목요일에 하고 싶었다. 월요일과 목요일만 오는 언니들이 있기에 최대한 많은 언니들과 나누고 싶기 때문이다. 그런데 안 된단다. 목요일은 이미 우유 당번이 있단다. 다음 날인 금요일에 돌리라는 회자 언니의 명이다. 그게 바로 오늘이다.

우유 20개를 주문해놓고 잊어버릴까 돈도 미리 목욕 바구니 안에 넣어두고 잔다. 목욕탕 가는 발걸음이 그 어느 때보다도 신난다. 소풍 가는 것만 같다. 그러고 보니 빨간목욕탕으로 소풍 가는 게 맞다. 날마다 소풍가듯 신나고 즐겁게 다니니 말이다. 오늘 소풍에는 또 어떤 즐거움이 기다리고 있을까? 설렘 가득 안고 빨간목욕탕 안으로 들어간다.

옷을 벗지 않고 우유 20개가 담긴 하얀 바구니를 안고 목욕탕 안으로 들어간다. 탈의실 말고 진짜 목욕탕 안으로. 김이 후끈하게 올라오고 있는 목욕탕 안으로 들어간다. 평소 옷을 벗고 탕 안으로 들어갈 때는 아무렇지 않았는데 옷을 다 입고서 양말만 벗은 채 들어가니 이거 뭔가 이상하다. 다 나만 쳐다본다.

"우유 신고식 합니더. 우유 하나씩 드세요."

 민망한 마음에 얼른 목욕 짐이 있는 곳마다 하나씩 우유를 놔둔다.

'어? 이거 되게 민망하네. 얼른 돌리고 나가야겠다. 하하.'

 생각보다 많이 남는다. 혹시라도 빠진 언니가 있을까 한 명, 한 명 수를 헤아린다. 12명이 맞다. 그러니 남은 우유가 8개. 평소보다 많이 안 왔나? 혹시라도 빠트린 언니가 있을까 다시 헤아리고 있는데 언니 한 명이 나를 부른다.

"남은 거 있다 오는 사람들 먹으면 된다. 여기 놔두면 된다."

어떡하지? 고민이다. 5시에 오는 언니들 먼저 주고 6시에 오는 언니들은 다음에 다시 돌리려고 했는데 이거 낭패다. 순간 당황하고 만다.

"그럼 우유가 모자라지 않을까요?"
"모자라면 안 먹으면 되지. 있는 것만 먹으면 된다."

당황하며 어쩔 줄 모르고 있는데 갑자기 큰소리가 들린다.

"어여 옷 벗고 들어 온나. 목욕 안 할 끼가?"
"네! 목욕할 거예요. 얼른 옷 벗고 들어올게요."

헉! 이건 19금인가?

얼른 나와 남은 돈만큼 우유 3개를 더 산다. 그걸 바구니에 담아서 탕으로 들어간다. 때마침 들어오는 할머니 두 분께 우유를 드린다. 처음 보는 얼굴이다.

"이거를 뭐 할라고 줍니꺼?"
"아, 제가 신고식으로 돌리는 거예요. 그냥 드시면 돼요."

"엄마야, 우리도 주네? 잘 무께요."
"네!"

 미지근한 탕 안에서 경숙이 언니가 '보석 사우나'를 손으로 가리키며 말한다.

"사우나실 의자 밑에 두면 된다."
"네? 사우나실이요? 거기 더워서 괜찮을까요?"
"잠깐 놔두는 건 괜찮다. 금방 오니깐 거기 두면 된다. 거기 놔두면 알아서 다 먹는다."

 '보석사우나'의 새로운 용도를 알게 되는 순간이다.

 우유를 사우나실 의자 밑에 최대한 문쪽 가깝게 놔두고 나온다. 그사이 새로 온 할머니들이 있어서 자리가 없다. 아니, 있다. 구석 쪽으로 몇 개가 보인다. 기웃기웃하고 있는 나를 무서운 언니, 옥경이 언니가 부른다.

"저어 자리 있네! 니 맨날 앉는 자리. 저기!"

그러고 보니 세신 하는 쪽 맨 안쪽에 자리가 있다. 목욕 바구니가 넓게 퍼져 있어 자리가 없는 줄 알았다.

"거 바구니를 옆으로 땡기고 앉으면 된다."

첫날 나를 혼낸 무서운 언니가 이리도 상냥했단 말인가. 아니다. 말은 여전히 툭툭거린다. 그런데도 그 속에 챙겨주는 마음이 들어있다. 그러니 이젠 무서운 언니가 아니라 상냥한 언니라고 해야 한다. 아니다. 여전히 무서운 언니다. 첫날 혼난 기억은 어쩔 수 없다. 하지만 이젠 안다. 옥경이 언니는 알고 보면 좋은 언니라는 걸.

탕에 들어가기 위해 머리를 감고 몸을 씻고 있는데 언니 한 명이 다가온다. 83살 진아 언니가 "언니!"라고 부르는 걸 봤으니 그보다 나이가 많은 복희 언니다. 작은 목욕 대야를 손에 들고서 내가 있는 곳으로 온다.

"이거 조금 발라라. 뭐 할라고 우유를 그래 다 주노?"

작은 대야 안에는 몸에도 좋고 피부에는 더 좋은 언니표 천연 마사지 곡물이 두유에 잘 비벼져 있다. 이름하여 천연 마사지 곡물 크림이다. 언니는 손에 한 움큼 떠서는 작은 대야에 옮겨준다.

"신고식입니더. 신고식!"
"아고, 참말로. 신고식은 무신! 잘 무께."
"예, 우유 하나 드리고 이래 귀한 거 주시면……."
"조금이다. 얼굴이나 발라라."
"예!"

빨간목욕탕 다닌 지 얼마 되지 않았을 때도 이렇게 투박하게 얼굴이나 발라라며 언니표 천연 마사지 곡물 크림을 줬던 복희 언니다. 얼마 전에는 아예 약초 달인 물을 가지고 와서 온몸에 바르라며 주고 등에는 직접 발라주기까지 한다.

이젠 언니의 투박한 말속에 다정함이 있다는 걸 안다. "얼굴이나 발라라."라며 주는 마사지 곡물 크림에는 언니의 사랑이 가득하다는 걸 안다. 마지막에 나가면서도 기어이 얼굴을 한 번 더 보여주고는 고개를 까닥하고는 나간다. 항상 같이 목욕하는 단짝 진아 언니와 함께.

마음속에 따뜻한 물이 퍼진다. 이른 아침, 차가운 바람에 얼어버린 몸이 따뜻한 온기로 쩌저적 갈라진다. 그 안으로 따듯함이 가득가득 담긴다. 몸도 마음도 따뜻하다. 괜히 찡해지는 마음을 안고서 탕 안에 앉는다. 여느 때처럼 다리를 쭉 펴기도 하고 주무르기도 하면서 온탕이 주는 행복을 만끽하고 있다.

"어여. 이리 와봐라."
"네? 네."

옆 미지근한 탕에서 경숙이 언니가 부른다. 우리는 탕 테두리를 사이에 두고 이야기를 나눈다.

6시 이후에 오는 언니들이 우유를 돌려가며 나눠서 먹는데, 그 언니들을 정예 멤버라고 한다. 정예 멤버 중 5시 조금 넘어서 오는 언니는 58세, 요양보호사 일을 하는 필란이 언니와 지금 말해주는 경숙이 언니, 그리고 묵은지 김치찜 식당을 하는 무서운 언니인 옥경이 언니. 이 정도라고 한다. 나머지 언니들은 다 6시에 온다는 것이다. 보통 15개에서 18개 정도를 사서 사우나 의자 아래에 두면 알아서 먹는다고 한다.

"오늘따라 처음 오는 사람들도 많구만. 뭐 할라고 그 사람들까지 다 주노?"
"신고식이라 그냥 다 드리고 싶어서요."
"다음에는 그라지 마라. 우유가 한두 개 드나."
"네."

 오늘 아예 6시에 온다는 정예 멤버 언니들까지 돌려야겠다.

"우유 10개 정도만 더 하면 뒤에 오는 언니들도 다 드실까요?"
"그 정도면 안 되겠나. 지금 남은 것도 있응께."
"네."

 얼른 씻고 나가야겠다. 더 오기 전에 우유를 채워놓아야겠다. 한참을 씻고 있는데 6시 멤버 언니들 몇 명이 우유를 손에 들고는 나한테 온다.

"우유, 돌렸다매?"

"네? 네."
"잘 무께."
"네."

짧고 간결하다.

"우유 돌렸다는 게 니가? 누구라고. 잘 무께."
"네? 네."

여전히 짧고 간결하다. 하지만 안다. 이 안에 얼마나 많은 말이 숨어 있는지를 말이다. 인사 몇 번 받으니 더 지체할 수가 없다. 얼른 씻자! 세신 해주는 언니가 온다.

"제가 신고식으로 우유를 돌렸는데요. 미리 챙기지를 못해 가지고. 제가 우유 10개를 더 가지고 올 거거든요. 한 개는 따로 냉장고에 넣어둘게요. 나중에라도 드세요."
"뭐 할라고? 내는 안 줘도 된다."
"아닙니다. 신고식인데요. 당연히 드려야지요."
"내를 이래 안 챙겨주는데……."

잠시 주춤하는 듯한 것은 착각일까. 살짝 목이 잠기는 듯한 건 착각일까. 우유 하나 챙겨드린 게 뭐 그리 대수라고 목이 잠긴단 말인가. 그런데 이상하다. 고개를 살짝 돌리며 돌아서는데 등 뒤로 '나 감동 받았다.'라고 적혀 있다. 눈시울이 살짝 젖는 것처럼 보이기도 한다. 괜히 뭉클해진다. 우유 하나가 뭐라고.

 이럴 때가 아니다. 얼른 씻고 나가자. 아무리 바빠도 아까 받은 마사지 곡물 크림은 발라야 한다. 손놀림이 빨라진다. 빠른 손놀림으로 온몸을 마사지하고 물로 헹구고 있는데 세신 하는 언니가 다시 온다.

"등은? 등은 안 하나?"
"그냥 이래이래 했어요."

 손을 뒤로 뻗으며 골고루 바르는 흉내를 낸다.

"등이 욕한다."
"네?"
"등이 낼로 욕해. 안 발라줬다고!"

웃으며 얼른 몸을 헹군다.

"어깨 여는 와 이렇노? 다쳤는가베?"
"원래 어깨가 안 좋아서 맨날 한의원 가서 피 빼고 그랬어요. 여기 다니면서는 이제 피 안 빼요. 저기 폭포 맞고 그러니깐 많이 나았어요."
"그래, 저거 좋다. 어깨 아픈 사람 저거 맞으면 좋다."

내 손은 이제 빛의 속도로 보이지도 않을 지경이다. 나오자마자 옷만 얼른 입고 우유 10개를 더 가지고 온다. 가만 보자. 안에 들어가려면 양말을 벗어야 한다. 마루에 엉덩이만 걸친 채 열심히 양말을 벗고 있다. 오늘따라 왜 발목이 긴 양말을 신고 왔던가. 마음이 급하니 양말조차 잘 안 벗어진다.

"양말을 뭐 할라고 벗노? 저 슬리퍼 신으면 되지."
"아, 저거 신으면 돼요?"
"하모, 머리가 나쁘면 손발이 고생하는 기라. 내 함 봐라. 머리가 나쁘께 평생 손발이 이래 고생 안 하나?"

세신사 언니가 손을 쫙 펴서 내밀며 아래위로 흔들며 이야기한다. 분명 웃고 있는데 그걸 보는 마음 한쪽이 찌르르하다. 나도 손을 쫙 펴서 내밀며 아래위로 흔든다. 따라쟁이처럼 똑같이 따라 한다.

"저도요. 저도 머리가 나빠가 맨날 이래 손발이 고생해요."

나도 따라 웃으며 벗던 양말을 얼른 다시 신고 슬리퍼를 신고 안으로 들어간다. 우유를 안에 넣고 나오는데 기분이 왜 이리 좋을까. 오늘따라 더 큰 소리로 인사하며 밖으로 나온다.

"낼 뵙겠습니다!"
"그래, 가자."

목욕탕 입구 작은 창문 안에 있는 희자 언니에게 몸을 숙여 얼굴이 마주 보이게 한다.

"돈은 내일 꼭! 갖다 드릴게요."
"처음에 너무 많이 한 거 아이가?"
"아닙니더. 5시에 오시는 언니들도 다 드리고 싶었어요. 처음 오시는 분들도 드시면 좋잖아요."

"아유 참, 진짜로 군수 나갈라카나?"

며칠 전 우유를 5시에 오는 언니들 한 번, 6시에 오는 언니들 한 번. 이렇게 두 번 돌려야겠다고 했더니 군수 나가는 거냐고 했다. 손을 들어 나를 가리키며 큰 소리로 웃으면서 말이다. 오늘 기어이 다시 군수 등장이다. 그때만큼이나 큰 소리로 웃으면서. 나 또한 또다시 그날처럼 오른팔을 번쩍 들며 외친다.

"네. 그러죠. 뭐. 군수 나가죠. 뭐!"

희자 언니 웃음과 나의 웃음이 만나 큰 파도가 된다. 우리는 파도에 몸을 맡기고 서핑을 즐긴다. 웃음 파도에서 신나게 서핑을 한다. 그렇게 웃음 파도를 타고 멀리, 멀리까지 나아간다.

우울증을 고치는 마법의 파동, 빨간목욕탕

 이젠 통증이 와도 우울해지지 않는다. 내게는 마법과도 같은 빨간목욕탕이 있기 때문이다. 온탕에서 종아리를 풀어주면 평소보다 빨리 경직이 풀리면서 통증이 사라진다는 걸 이미 경험했기 때문이다. 그러니 이젠 경직이 와도 잠깐 우울하다 사라진다.

 토요일이라 조금 늦게 목욕탕에 간다. 어제 우유 신고식을 한 탓인지 조금 쑥스럽다. 아무렇지도 않게 대해주면 좋겠는데……. 우유 하나 돌리고 너무 큰 선물을 받는다. 언니들이 돌아가면서 잘 먹겠다며 인사를 한다. 막내가 우유 돌렸냐며 기특해한다. 그러면서 전해주는 사랑이 얼마나 큰지. 무뚝뚝한 경상도 언니들이 툭툭 던져주는 사랑에 얼마나 울컥거렸는지 모른다. 살짝 부끄럽다. '되로 주로 말로 받는다'라는 속담은 이럴 때 써야 하는 것임을. 우유 하나 먼저 받은 건 나다. 그날 얼마나 행복했던가. 그걸 나도 되돌려드리는 것뿐이다. 그렇다. 단지 받은 걸 되돌려드리는 것뿐이다. 그런데도 이리 큰 감동을 준다. 더 큰 행복으로 보답 받는다. 그러니 쑥스럽기도 하고 감사하기도 하고 부끄럽기도 하고 그렇다.

토요일이어서인지, 늦어서인지 사람들이 많다. 오늘은 좀 다른 풍경이다. 사람들이 족욕을 하듯 발만 열탕에 담그고 손에는 컵을 들고 무언가를 마시면서 이야기꽃을 피우고 있다. 여러 명이서 말이다. 어쩌다 늦은 날, 이런 모습을 본 것도 같다. 그때는 대수롭지 않게 여겼는데 오늘따라 유난히 눈에 들어온다. 들어오는 나를 일제히 쳐다보는 것만 같은 이상한 기분이 든다.

괜히 더 쑥스러워져서는 얼른 남아 있는 구석 자리로 간다. 자동 등밀이 기계가 있는 구석 쪽이다. 오늘은 구석이라 좋다. 사람들 눈에 최대한 안 띄고 싶다.

 어젯밤, 아니 오늘 새벽, 자다가 오른쪽 종아리 쪽에 또다시 경직이 왔다. 뻣뻣해지면서 돌덩이가 들어 있는 것처럼 근육이 순간 뭉치면 엄청난 고통에 시달려야 한다. 급한 대로 주무르며 큰 고통만 가신 채 다시 잠이 든다. 아침에 일어나서도 종아리 경직이 남아 있어 걸을 때마다 통증이 온다. 평소였다면 기분이 엄청 안 좋아졌을 것이다. 한 번 경직이 오고 나면 며칠은 통증이 지속되기 때문이다. 약한 통증이라도 며칠씩 이어지니 우울해지는 건 어찌 보면 당연하다.

'온탕에서 종아리를 많이 풀어줘야겠다.'

 미라클모닝으로 빨간목욕탕에 다니면서 건강이 많이 좋아지고 있다. 하지만 온전히 다 나은 건 아니다. 온전히 다 낫기를 희망하진 않는다. 그저 살아가는 날 동안 덜 아프기를 바랄 뿐이다. 병원 신세 그만 지고 일상생활 잘할 수 있으면 족하다. 전국 팔도 서도밴드 공연 보러 다니는 '아라리(서도밴드 팬명) 여행'을 할 수 있으면 된다. 그것이면 된다. 지금처럼만 살 수 있으면 된다. 또다시 감사함이 마음에 파도를 일으킨다.

 빨간목욕탕에 다니면서 예전에는 열 번 경직이 왔다면 이젠 두세 번 정도로 줄었다. 이 정도면 아주 큰 호전이 아닌가. 빨간목욕탕이 나를 살린다. 감사함의 파도가 온몸을 덮는다.

 온탕 안에 몸을 푹 담그고 종아리부터 풀어주기 시작한다. 이제 막 종아리를 주무르고 있는데 맞은편 쪽에 족욕을 하듯 있던 언니들이 일제히 나를 쳐다본다. 온탕으로 들어오기 위해 의자에서 일어나는 순간부터 나를 쳐다보고 있다고 느낀 건 단순한 느낌만이 아니었다.

"어제 우유 돌렸다며?"

 앗! 우유 신고식 이야기다.

"어제 우유를 많이 돌렸다메? 몇 개? 서른 개랬나?"
"서른세 개요."
"아이고마, 마이도 돌렸네."

"그래. 내가 말 안 하더나. 앞에 할머니들 다 줬단다. 처음 오는 사람들까지 다."
"신고식 한다고 그렇게 돌린 거예요. 처음이니깐……."

 변명하듯 말하고 있는 나를 느낀다. 왜지? 모른다.

"그래도 너무 마이 돌렸다. 돈이 얼매고? 앞으로는 그라지 마라."
"그래. 인자는 여 있는 사람만 돌리면 된다."
"네? 네."

 어제 알게 된 정예 멤버 언니들이다. 희자 언니가 '구찌'라고 가르쳐주었다. 일본말인데 '팀'이라는 의미라고 한다. 예전부터 목욕탕에 사랑방처럼 모여 이야기 나누고 서로 먹을 것이나 마실 것을 가지고 와서 나눠 먹으며 친목을 다지는 거라고 한다.

"앞으로 우리도 우유 돌릴 때 챙겨주께."
"네, 감사합니다."

웃으며 인사한다. 정예 멤버가 되는 순간이다.

"근데, 저 며칠 전에 우유 받았는데요? 간판 집 하신다는 분이 돌리는 거라면서 희자 언니가 주던데요?"
"어? 그랬나? 잘했네. 간판 집 하는 사람, 이 사람 아이가?"

커피인지 다른 차를 마시는 것인지 알 수 없지만 스테인리스로 된 손잡이 없는 작은 컵을 들고 있는 언니를 가리키며 말한다. 짧은 머리에 단호하게 생긴 언니다.

"아, 그래요? 잘 먹었습니다. 제가 그거 먹고 우유 신고식 한 거잖아요. 넘 좋아가지고요."
"그거 하나 묵꼬 우유 서른세 개 돌렸나?"
"아하하하. 그렇게 된 건가요?"

놀란 듯한 표정인가. 아니, 웃는 모습이다. 눈가에 웃음을 가득 매달고서 목소리만 놀란 것처럼 올라간다. 어색한 대답 때문인지 무슨 영문인지 우린 한바탕 웃고 만다.

"어려 보이는데……. 나이가 우째 되노?"

"정자랑 비슷하겠구만! 몇 살이고?"
"아, 53이에요."
"그래 어리나? 한참이나 어리네!"

 또다시 웃는다. 나이 53이 웃을 나이인 건가. 무엇 때문인지 넝달아 웃음이 터진다.

"아하하하하. 제가 밖에서는 나이도 많고 아프기도 하고 그래서 다니던 직장도 그만두고 시험 쳐서 좀 편한 곳으로 옮긴 거거든요. 그런데 여기 오니깐 어린 사람이 돼서 너무 좋아요."

 이건 또 무슨 웃긴 이야기라고 모두 웃는다. 오늘따라 웃음이 많다. 방울방울 웃음을 매단 물방울들이 빨간목욕탕 안을 가득 메우는 것만 같다. 물방울이 닿는 곳마다 웃음이 터지니 말이다.

"내가 지금 여 있는 사람들 중에는 제일로 어린데……. 내 63 아이가. 열 살이나 차이 나네. 열 살! 하이고마. 어리다."

웃음이 절로 난다. 젊다 못해 어리단다. 아프고 늙었다 생각했는데 젊고 건강하단다. 또다시 막내로 인정받으며 완전한 정예 멤버가 된다.

"어데 사노?"
"학교 근처예요."
"집도 가깝네?"
"부녀회도 들어오면 되겠다."
"무신. 어린 사람이 부녀회 들어올라 카나?"
"너무 어리다. 조금 더 있다 들어오면 되제."
"어릴께 들어오면 좋지!"

내 대답은 필요 없다. 서로 이야기할 뿐이다.

"혜영이 하고 경숙이 하고 동갑 아이가. 내보다 한 살 많다."
"그렇나? 니는 내보다 어리제?"

갑자기 서로의 나이를 확인한다. 보아하니 정예 멤버 언니들은 빨간목욕탕에서는 '젊은'분들인 것 같다. 대부분이 60대 초중반이고 제일 큰 언니가 70대 초반이라고 한다.

"언니라고 부르면 된다."

 내 마음을 어떻게 안 걸까? '어르신'이라고 부를 수도 없고 마음속으로 '언니'라고 불러야 할까? 생각하고 있었는데 그것을 알기라도 하듯 먼저 말해준다. 며칠 전에도 세신사 언니가 '이모'라고 불러도 나이 든 것 같으니 무조건 '언니'라고 부르라고 하지 않았는가. 80이 넘은 할머니도 '언니'라고 불러야 기분이 좋다고 말이다.

"원래 학교에서나 한 살 두 살 따지지, 사회에서는 한두 살은 친구 아이가. 고무줄 나이! 고무줄!"
"고무줄이요?"

 사회에서는 세 살까지 친구가 된다는 말은 들었지만 그걸 '고무줄 나이'라고 표현하는 건 처음 안다.

"그래. 고무줄! 학교에서도 '언니'나 '오빠'라고 부르기 싫은 사람 안 있나. 그런 사람은 '선배' 하면 되는 기다."
"아, 그런가요? 학교에서는 다 '선배'라고 해야 하는 줄 알았어요."

"그렇긴 하지. 그래도 '언니'라고 부르고 싶은 사람이 있다. '오빠야'도 그렇고."

맞는 말이다. 선배, 선배 하다가 친해지면 언니, 오빠가 되는 것 아니겠는가.

"아무리 오래 알고 지내도 언니, 오빠라고 부르기 싫은 사람도 있다. 그런 사람은 마 끝까지 선배하면 된다."

뜨끈한 물에 몸을 담그고 종아리를 풀어주면서 가르침을 받는다. 교과서에도 나오지 않는 이야기들이 가득한 곳이 바로 이곳, 빨간목욕탕이다.

"앞으로는 우유 사가 여 사람들만 나눠 먹으면 된다. 알았제? 마이도 말고. 18개 하면 된다."
"아! 네."

5시에는 오는 언니들은 나이가 대체로 많다. 지금 보니 장사를 하거나 농사를 짓는 언니들이 많은 것 같다. 남편분과 함께 오는 언니도 많다. 남편분이 차로 데려다주거나 같이 오지 않으면 목욕탕 다니기가 쉽지 않은 언니들도 꽤 있다. 거리가 먼 곳에서 오기 때문이다. 6시 이후에 오는 정예 멤버 언니들은 목욕탕이 있는 이곳 지역 출신들이 대부분이라고 한다. 고향이라는 이름으로 친목을 다진다. 물론, 귀농하여 이곳이 고향이 된 언니도 있다.

 기분이 이상하다. 빨간목욕탕 정예 멤버가 되었으니 기뻐야 한다. 기쁘기만 해야 한다. 기쁘다. 근데 기쁘기만 하지는 않다. 5시에 오는 언니들도 좋기 때문이다. 5시에 오는 언니들도 너무 좋기 때문이다. 그 언니들과도 우유를 나눠 먹고 싶기 때문이다.

 첫정이 무섭다고 하지 않는가. 처음부터 5시 반으로 다녔고, 5시 반 언니들을 만났고, 5시 반 언니들에게 사랑을 받는다. 5시 반인 줄도 모르고 다닌다. 6시 반 정예 멤버 언니들도 좋지만 5시 반 언니들도 좋다. 갑자기 5시 반 언니들이 보고 싶다. 안 되겠다. 월요일부터 다시 5시 반으로 다녀야겠다. 조금 늦어지면 6시 반도 되고. 그러면 양다리가 되는 건가?

어찌 사람 만남에 선을 그을 수가 있겠는가. 홍해가 갈라지듯 5시 반, 6시 반으로 나눌 수가 있겠는가. 나이 드신 분들. 젊으신 분들. 나눌 수가 있겠는가. 단지, 지역이 가깝다 보니, 나이가 비슷하다 보니 서로 어울리는 것이지 서로 구분 짓는 것은 아니지 않겠는가.

중요한 건! 5시 반 언니들이 참 좋다는 것, 그뿐이다. 그래서 언젠가 또 우유를 돌릴 것이다. 그땐 아예 일찍 와서 5시 반 언니들에게 모두 드릴 것이다. 이번처럼 처음 오는 분들에게도 모두 드릴 것이다. 6시 반 언니들 것은 보석사우나 의자 밑에 따로 챙겨 놓으면 된다. 정예 멤버도 좋지만 '정예 멤버만' 되는 건 싫다. '빨간목욕탕 식구'가 되고 싶다.

다음엔 바나나우유를 돌려볼까? 언니들의 놀라는 반응이 상상되어 웃음이 난다. 희자 언니에게 바나나우유로 준비해 줄 수 있는지 물어봐야겠다.

"이게 뭐꼬?"

언니들의 웃는 소리가 벌써부터 들리는 듯하다.

시골 작고 낡은 목욕탕!

 사람 사는 냄새로 가득하다. 우유 하나가 뭐라고 이토록 큰 사랑을 받는가! '되로 주고 말'로 받는 게 아니라 '되로 주고 가마니째' 돌려받는다.

 빨간목욕탕 식구가 되어 참 좋다.
 어? 종아리 통증은 어디로 사라졌지?

마사지 삼중기차

 빨간목욕탕에 다닌 지 얼마 되지 않았을 때의 일이다. 날씨가 더울 땐 목욕탕에 사람이 그리 많지 않다. 전엔 날씨 때문이라고는 생각하지 못하고 목욕탕이 작고 낡은 데다 이른 시간이라 그런 줄 알았다. 지금은 안다. 작고 낡은 것도, 이른 시간인 것도 아무 문제가 되지 않음을.

 물이 잘 나오는 수도꼭지를 찾아서 머리를 감는다. 한창 고개를 숙이고 머리에 발라놓은 트리트먼트를 헹구고 있는데 누군가가 어깨를 톡톡하고 친다. 트리트먼트가 눈에 흘러 들어가 따갑기 시작한다. 누가 어깨를 치는 건가 싶어 약간은 짜증이 난 상태로 고개를 든다.

"이거 얼마 안 된다. 얼굴이나 발라라."
"네?"

 짜증은 어디로 가고 놀라움만 남는다. 내 손에는 복희 언니가 주고 간 작은 대야가 들려있다. 대야 안에는 놀랍게도 언니들이 날마다 얼굴이며 온몸을 정성스럽게 바르던 바로 그 미지의 마사지 곡물 크림이 들어있다. 초등학교 5학년쯤 되는 여자아이 주먹만 한 크기로 동그랗게 반죽되어 있다. 마치 수제비를 하기 위해 해놓은 차진 반죽 같다.

 아니, 이걸 왜 주는 거지? 하다가 남았나? 아무리 남아도 옆에 있는 언니 주면 되지. 옆에, 옆에 앉아 있는 내게 왜 주는 거지? 일부러 일어나서 여기까지 가져다주다니! 왜? 왜? 영문도 모른 채 대야 안을 한 번 쳐다보고 복희 언니 한 번 쳐다보기를 두어 번.

"이래이래 바르면 된다. 얼굴이나 발라라!"

 복희 언니는 곡물 크림을 얼굴에 골고루 펴서 마사지하는 모습을 보여준다. 어떻게 바르는 건지 몰라서 자신을 쳐다본다고 생각한 것이 틀림없다. 이 언니와 따로 이야기 나눈 적이 있었던가? 기억나지 않는다. 조금 무섭게 생겨서 내가 먼저 말을 걸었을 리가 없다. 그런 말이 있지 않은가. 세월의 주름은 살아온 그대로 생긴다고. 언니의 주름은 찡그린 주름이다. 눈썹 사이 주름이 인상을 자주 써서 생긴 주름이다. 주름은 조금 무서운 인상을 남긴다. 그러니 내가 먼저 말을 걸었을 리가 없다. 그런데. 왜?

생각은 이어지는데 손은 움직이기 시작한다. 복희 언니처럼 곡물 크림을 얼굴에 듬뿍 얹어서는 골고루 펴 발라준다. "얼굴이나 발라라."라고 했지만 양이 꽤 된다. 남은 것까지 싹싹 긁어다 팔에도 바르고 다리에도 바른다. 배도 바르고 손이 닿는 등까지도 바른다.

먼저 곡물 크림을 펴 바르듯 손바닥을 쫙 펴서 발라주고 다음으로는 손바닥 전체와 손가락 끝에 약간의 힘을 주어 피부 깊숙이 스며들도록 마사지한다. 정성껏 한다. 내 몸을 이리 소중하게 만졌던 적이 있을까? 없다. 마사지라고는 샤워 후 바르는 오일이 전부다. 물기가 있을 때 오일을 전체적으로 살짝만 발라주는 것으로 평생 몸 마사지를 대신한다. 그나마도 어쩌다 한 번씩 하지. 지금 언니들처럼 날마다 해본 적이 없다.

 고소한 냄새가 장을 자극한 것인지 배가 고파온다. 이 배고픔은 먹을 것에 대한 갈망이자 사랑받음에 대한 감사의 울림이다. 복희 언니가 전해준 사랑의 곡물이 장을 자극한다. 감동의 울림이 장을 통해 가슴으로 전해진다. 배 속에서부터 시작한 감동이 장운동을 핑계로 온몸으로 퍼져 나간다. 배고픔인지 감동인지. 아니, 둘 다가 나를 울린다.

 2주 전쯤인가? 아니다. 그보다 더 오래된 것 같다. 날씨가 추워지기 시작하면서 빨간목욕탕에 사람이 많아지기 시작하던 그때쯤으로 기억한다. 사람이 많아지니 수도꼭지가 모자라기 시작한다. 그날도 주말이라 좀 더 여유를 부리며 간다. 역시나 자리가 없다. 둘러보던 내 눈에 자동 등밀이 기계가 있는 구석에 자리가 있음을 발견한다. 얼른 가서 앉는다. 한참을 씻고 있는데 옆에, 옆에 언니가 작은 병을 들고 내게로 다가오더니 등을 내민다.

"어여, 여 등 좀 발라봐라."

그렇다. 마사지 곡물 크림을 주었던 바로 그 복희 언니다. 항상 앉는 자리가 있는데 오늘은 언니도 늦은 걸까? 등밀이 기계 가까이 있는 이쪽에 앉은 걸 처음 본다. 늘 단짝처럼 같이 있던 진아 언니도 없다. 어떻게 여기까지 와서 혼자 앉아 있는지. 사실 옆에, 옆에 있었던 것도 모른다. 구석에서 물만 쳐다보며 씻고 있었기에 주변에 누가 앉았는지 알 수 없다.

"이거는 곡물이 아니네요?"
"이건 약초다. 약초 달인 물."

세상에나. 곡물에 이어 약초까지 몸에 바르다니! 복희 언니의 몸 사랑은 어디까지일까? 저절로 눈이 커진다. 약초 물을 등에 살짝 붓고는 특유의 손놀림으로 마사지를 한다. 나는 마사지를 제법 잘한다. 척추를 타고 등 전체 마사지를 한다. 척추 하나하나 만지며 옆으로 쓸어주듯 하면 척추가 시원해진다. 목 뒤쪽도 섬세하게 만진다. 그러면 머리로 흐르는 혈이 뚫리고 머리도 개운해진다. 날개뼈도 쓸어주고 어깨와 마지막 허리까지 하고 나면 진짜 내가 하는 것이지만 온몸이 시원하고 맑다.

아팠을 때 대체의학으로 도수 치료를 많이 받았던 것이 도움이 되었을까. 그보다 더 큰 이유는 어릴 때 잘 체하는 나를 엄마가 등 전체를 마사지하듯 만져주고 마지막에 손가락 끝을 '똑!'하고 많이 따주었다. 아마도 내 몸이 이것을 기억하고 있는 것 같다. 우리 아이 등도 이렇게 잘 만져준다. 하고 나면 몸 전체로 혈액이 돌고 기운이 돌아 몸이 개운해진다.

 언니에게도 이렇게 한다.

"아이고마. 시원~하다."

 시원함에서 나오는 소리. 뱃속 저 아래에서부터 올라오며 터지는 그 소리. 시원한 물방울이 '빵!'하고 터지는 바로 그 소리다. 언니의 시원함이 전해지는 것처럼 기분이 좋다.

"아나. 손대 봐라."

 손을 약간 오므려 동그랗게 해서 내민다. 약초 물을 부어준다. 너무 많다.

"너무 많아요. 조금만 주세요."
"마이 발라야 좋지."

얼굴에 골고루 펴 바른다. 약초 향기가 온몸에 퍼지는 듯하다. 갑자기 언니가 일어나더니 내 등 뒤로 온다.

"내는 팔이 아파가 그래 몬 해준다. 그냥 발라만 주께!"
"아입니더. 놔두이소."

급하니깐 나도 모르게 사투리가 튀어나온다. 평소에는 이렇게까지 안 하는데. 내 말이 전해지기도 전에 언니의 손이 등에 먼저 도착한다. 발라주는 손길이 참 따뜻하다. 눈에 물이 차오르는 건 아마도 목욕탕 수증기 때문이다. 그렇다. 목욕탕 따뜻한 물방울 알갱이들이 눈에 들어온 것이 틀림없다.

고개도 못 들고 있는데 갑자기 약초를 다리며, 어깨에 부어준다.

"아니, 이리 귀한 거를 왜 이렇게 많이 줍니꺼?"
"귀한 거니까 주지. 안 귀한 거면 주능가?"

"네?"

"몸에 싹싹 발라봐라. 몸에 좋은 기다. 귀한 약초 달인 기다."

 내 몸에는 종일 약초 향기가 함께한다. 그때마다 언니의 따듯한 손길이 나를 만져주는 것만 같다. 행복이 커다란 풍선처럼 부풀어 올라 둥둥 떠다니게 한다. 발이 땅에 닿지 않는다. 행복이라는 녀석이 나를 태워 하늘로 높이 올려보낸다. 영화 〈up〉에서 처럼 풍선을 타고 하늘을 떠다닌다. 행복 하늘을 그렇게 둥둥 떠다닌다.

 막내 우유 신고식 하던 그날에도 마사지 곡물 크림을 준 복희 언니. 인상도 무섭고 말도 별로 없지만, 이렇듯 온정을 숨기고 있는 언니다. 83세, 진아 언니가 언니라고 부르는 걸 봤으니 그보다 더 나이가 많다고 추정할 뿐 정확한 나이는 모른다. 키도 크고 덩치도 좀 있고 가만히 있으면 무서운 인상을 가졌지만 언니의 투박함 속에 따듯함이 숨어 있다. 이젠 오며 가며 늘 웃으며 인사한다. 반가운 친언니처럼. 나의 엄마처럼.

 오늘은 아예 기차를 만들어 마사지를 한다.

5시. 우리 언니들이 보고 싶어 일찍 집을 나선 날. 5시 10분에 도착했건만 빈자리가 거의 없다. 또다시 구석에 겨우 앉아 있는데 조금 있으니 나이 많은 처음 보는 할머니가 들어온다. 자리를 찾아 두리번거리길래 얼른 일어나 자리를 양보한다. 할머니가 들어와 자리가 없을 때면 자연스럽게 일어나 자리를 양보한다. 지난번부터 해오던 것이다. 한 번 하고 나니 기분이 좋아져서 계속하게 된다. 나야 서서 얼른 샤워만 하면 되니깐 그리 큰일도 아니다.

 자리를 양보하고 서서 머리 감고 샤워한 후 온탕에 들어온다. 열심히 냉탕, 온탕을 드나들며 걷고 어깨 폭포도 맞고 다리 스트레칭이며 어깨 스트레칭까지 열심히 한다. 같이 온탕에 있던 83살, 예쁜 진아 언니가 재촉한다.

"어여. 저 간다. 얼른 소쿠리 갖고 온나."
"네? 자리가 비는 거예요?"
"그래, 저 간다. 얼른 갖다 놔라."

 이리하여 물도 잘 나오는 더 좋은 곳으로 자리를 옮기게 된다. 한창 씻고 있는데 옆에, 옆에 앉은 언니가 부른다. 마사지 곡물 크림이랑 약초 물을 준 복희 언니다.

"어여, 내 등 좀 발라봐라."
"네. 등은 또 제가 전문 아입니꺼."

앉은 채로 의자를 이동시켜 언니 등 뒤로 간다. 지난번처럼 등을 마사지하며 발라준다. 평소에는 옆에 언니와 짝꿍이 되어 서로 등을 발라주더니 옆에, 옆에 있는 나를 일부러 부른다. 아무래도 내가 해준 등 마사지가 마음에 들었던 게 틀림없다.

옆에 언니도 등을 발라주기 위해 자리를 옮긴다. 83살 진아 언니는 몸집도 작고 등도 작다. 이제 막 곡물 크림을 손에 덜어서 등에 펴 바르려고 하는데 옆에 있던 복희 언니가 곡물 크림을 내밀며 말한다.

"니도 등 발라야지."
"아입니더. 지는 조금만 주이소. 얼굴에만 하면 됩니더."

일부러 사투리를 섞어 웃으며 말한다. '애교'라고 하긴 그렇지만 아무튼 귀여운 말투다. 언니들 앞에서는 귀여운 막내가 되니 저절로 그리된다. 이젠 그만큼 제법 친해졌다는 말이 된다.

이번에는 초등학교 6학년 아이 손만큼 준다. 작은 대야에 그걸 놔두고 다시 진아 언니 등 뒤로 가서 자리를 잡는다. 한창 발라주고 있는데 내 등 뒤로 또다시 따듯함이 전해진다.

"안 해주셔도 됩니더. 팔도 아프신데."
"내는 니처럼 몬 한다. 그냥 발라만 주께."

이리하여 우리는 삼중 기차가 되어 서로의 등을 발라주게 된다. 앞사람 어깨 주무르다 뒤로 돌아 뒷사람 어깨 주무르고 하는 그런 레크리에이션처럼 우리는 삼중 기차가 되어 앞사람 등을 발라준다.

'나란히 나란히'가 되어 앞사람 등을 발라주고 있는 우리 모습, 상상해보라!

이른 아침, 세상도 잠든 그 고요한 시간에 시골 작고 낡은 빨간목욕탕에서는 기차놀이가 한창이다. 웃음은 또 왜 그리 나는지. 우리는 서로의 등을 발라주며 또 그렇게 한참을 웃는다. 빨간목욕탕도 큰소리로 웃는다. 빨간목욕탕도 기차놀이에 신난 것이 틀림없다.

벌레 출몰 사건

 으악. 벌레다. 다리가 엄청 많이 달린 돈벌레. 지네가 아닌 걸 다행이라고 해야 하나. 다리가 많이 달린 건 똑같은데. 무서워하는 지네가 아니어서 다행이긴 한데. 이놈의 벌레를 어떻게 해야 하나. 나는 지금 옷을 홀라당 벗은 상태. 이 녀석과 싸울 수 있는 상태가 아니다. 이놈의 돈벌레. 어떻게 해야 하지?

 요즘 계속 늦은 탓인지, 날씨가 추워지면서 따듯한 목욕탕을 찾는 사람들이 많아진 탓인지 오늘도 앉을 자리가 없다. 자동 등밀이 기계를 마주 보고 오른쪽 구석 자리 하나 빼고는. 어쩌다 보니 이 자리에 단골이 되어버린다.

 이 자리가 어디냐며 앉아서 머리를 감는다. 온탕에 들어가기 전에 깨끗이 씻어야 한다. 머리를 감고 고개를 드는데 내 눈이 튀어나온다. 송아지 눈보다 더 커져서는 믿을 수 없는 것을 목격했다는 놀라움에 목 뒤가 뻐근해 온다. 온몸에 끼치는 소름. 솜털이 쭈뼛쭈뼛 서버린다. 얼음이 된 채로 커다란 눈을 끔뻑이지조차 못하고 다시 확인한다. 벌레다. 다리가 많이 달린 돈벌레. 다리가 아예 없는 뱀도 싫지만 다리가 많이 달린 벌레도 싫다. 지네 같은 것.

 시골에 살다 보니 뱀도 지네도 한 번씩 만나게 된다. 만나고 싶지 않아도 이 녀석들은 내가 보고 싶은지, 평안한 내 마음에 서프라이즈를 해주듯 한 번씩 깜짝 등장을 하곤 한다. 산골에 살면서 가장 힘든 것이 바로 이것이다.

 엄마는 용감해야 한다. 아무렇지 않은 척하며 책을 있는 힘껏 내리친다든지 바퀴벌레약을 집중적으로 뿌린다든지 하며 잡아야 한다. 마무리는 반드시 휴지에 돌돌 말아 화형을 시킨다. 그렇지 않으면 지네가 다시 살아날 것만 같은 두려움 속에서 잠 못 이루고 살아야 하기 때문이다.

뱀은 다행히도 마당에서 어쩌다 한 번 본 뒤로는 보지를 못한다. 지네나 뱀에 비하면 돈벌레는 아무것도 아니다. 심지어 해충을 잡아먹는 좋은 벌레라며 잡으면 안 된다는 말까지 있다.

아무리 좋은 벌레라도 집 안에 들어온 이상 잡아야 할 존재가 된다. 우리의 생활을 침해받을 수는 없다. 좀 징그럽긴 해도 돈벌레는 손쉽게 잡는 벌레에 속한다. 지네처럼 무섭지도 않다. 단지 다리가 많이 달려 징그러울 뿐이다.

그런데 이 녀석을 목욕탕에서 만난다는 건 또 다른 문제다. 싸울 수 있는 상태가 아니다. 나를 지켜줄 얇디얇은 천 조각 하나 걸치지 않은 말 그대로 맨몸뚱이다. "네 이 녀석." 하며 때려잡기엔 완전 무방비 상태. 혹시라도 시체가 내 몸쪽으로 튀어 오기라도 한다면! 상상조차 하고 싶지 않은 끔찍한 사태가 벌어진다.

순간 얼음이 된 채로 눈싸움만 한다. 어디로 사라져 버린다면 더 무서운 상태가 된다. 어디에서 튀어나올지 모른다는 불안과 공포. 드디어 빨간목욕탕이 공포물을 만들고 만다. 두꺼비 눈이 될 만큼 튀어나온 채 쩨려보고 있는데 돈벌레가 움직인다. 더 이상 시간이 없다. 선택해야 한다.

 하나, 큰소리로 "벌레야."라고 외치며 뛰어서 도망간다.
 둘, 말없이 이 녀석을 처리한다. 주먹 세계 형님들이 소리 소문 없이 적을 처리하듯이.

 첫 번째를 선택한다면 빨간목욕탕에 일대 소란이 일어날 것이 분명하다. 모두가 고함에 놀라 덩달아 고함치며 뛰어나가는 사태가 벌어지고 만다. 그러다 넘어지기라도 하면? 연세 많으신 할머니가 뛰어서 나가다 미끄러지기라도 한다면? 안 된다.

 그렇다면 선택지는 나머지 하나. 말없이 이 녀석을 처리해야 한다. 쥐도 새도 모르게. 이 녀석이 빨간목욕탕에 나타났었다는 그 어떤 증거도 남기지 않은 채. 내 머릿속은 이 녀석을 어떻게 처리해야 할 것인가로 빠르게 움직인다. 누군가가 지금 내 머릿속을 스캔한다면 빠르게 움직이는 뇌세포를 볼 수 있을 것이다. 이래야 하나 저래야 하나 세포들이 모여 긴급회의를 하고 있는 모습이다. 산골 집에서는 다양한 활용도를 자랑하는 책을 아주 잘 사용한다. 잘 때 얼굴 덮개로 이용하는 것보다 냄비 받침으로 이용하는 것보다 더 높은 활용도가 있다. 바로 벌레 압사 사형용이다.

책 한 권만 있으면 돈벌레쯤은 아주 쉽게 잡을 수 있다. 책을 내리칠 수 없는 구석에 벌레가 숨어 있다면 바퀴벌레약을 뿌려 밝은 곳으로 유인한 다음 책으로 내리치면 된다. 산산조각으로 터져 시체 처리에 좀 어려움이 있긴 하지만 깔끔한 죽음을 선사할 수 있는 장점이 있다. 나름 전문가 킬러의 죽음을 애도하는 예의라고나 할까. 한낱 벌레라 할지라도 고통 없이 갈 수 있는 깔끔한 죽음을 선물한다.

물론, 집안을 침투하지 않으면 살 권리를 인정해 주면서 공존하는 삶을 산다. 서로가 서로의 공간을 지켜주면서 살아갈 때 아름다운 삶이 완성된다. 그러나 이 녀석은 빨간목욕탕, 그것도 모두가 세상에 묻혀온 때를 벗기며 맨몸으로 하루를 시작하는 소중한 의식을 행하고 있는 중요한 공간을 침범했다. 그런 이상 잡아야 한다. 그런데 지금 여긴 킬러의 무기인 책이 없다. 바퀴벌레약도 없다. 있어도 뿌릴 수가 없다.

 그렇다면 어떻게 해야 하는가. 세숫대야로 내리치면 될까? 플라스틱인데다 공간이 있어 오히려 도망만 가게 된다. 자칫 잘못하다간 세숫대야가 부서지고 소리도 요란할 것이다. 고민하는 내 눈앞에 무기로 사용할 만한 것이 보인다. 무게가 제법 나가는 샴푸다. 사이즈도 크고 무게도 그만큼 많이 나가니 이걸로 내리친다면 이 녀석은 죽을 것이 틀림없다. 문제는 통이 동그랗다는 것이다. 잘못 내리치다가 동그란 부분에 맞기라도 하면 도망만 가거나 상처을 입히는 것에 끝나게 된다.

 고민하는 사이에 이 녀석이 움직이기 시작한다. 눈을 안 떼고 째려본다고 하고 있었지만 잠깐 다른 무기를 찾는 사이 이 녀석이 움직이기 시작한 것이다. 생각할 겨를이 없다. 무엇을 해야 하나. 어떻게 죽여야 하나. 내 머리는 갑자기 생각들이 엉키며 폭발 직전까지 다다른다. 빨리 결정해야 한다. 온몸에 세포가 일제히 전투 자세를 취한다. 벌벌 떨 듯 무서워하면서도 물러설 수 없는 전쟁임을 안다는 듯이. 헉! 더 이상 지체할 수가 없다. 녀석이 많은 다리를 움직여 이동을 시작한다.

 더이상은. 더이상은 지체할 수 없다. 무기를 들어라. 물러설 수 없는 전쟁이 시작된다. 샤워기를 든다. 뜨거운 물을 아주 세게 튼다. 다행히 이 자리는 물이 잘 나온다. 세찬 물줄기가 이렇게나 고마웠던 적이 또 있을까. 발버둥치며 살아나려는 녀석에게 집중 공격을 가한다. 어떻게든 도망가려는 녀석을 향해 더욱 세게 공격을 한다.

 뜨거운 물에 다친 건지 세찬 물줄기에 지친 건지 녀석은 힘없이 하수구를 향해 떠내려간다. 하수구 깊이까지 빠지도록, 기운을 회복해서 다시 나오는 일이 결단코 없도록 계속해서 물 폭탄을 투여한다.

 얼마나 있었을까. 온몸이 땀인지 물인지 알 수 없는 물기로 흥건하다. 마치 물속에 들어갔다가 나온 것만 같다. 이미 내 몸은 열탕에서 몸을 뜨겁게 데운 상태이고 한낮의 보석사우나에서 10분은 버틴 상태다.

 온몸에 긴장이 풀어지면서 물 먹인 솜이 된다. 옆에 할머니를 본다. 무슨 일이 있었냐는 듯 나를 한 번 흘깃 쳐다볼 뿐 여전히 때 민다고 바쁘다. 휴우. 다행이다. 완전 범죄에 성공한다. 이러다 주먹 세계 형님들에게서 스카우트 제의가 들어오는 건 아닐까? 엉뚱한 상상으로 피식 웃으며 다시 목욕을 시작한다. 이제 막 목욕탕에 온 사람처럼. 무슨 일 있었냐는 듯이 아무렇지도 않게 비누칠을 한다.

 빨간목욕탕아. 이건 너와 나만 아는 비밀이다. 알았지?
 빨간목욕탕과 비밀을 나눈 끈끈한 사이가 되어버린다.
 빨간목욕탕이 알았다는 듯 '씨익' 웃는다. 괴기스러움을 감추지도 않은 채.

가족애 가득한 빨간목욕탕

보석사우나에서 보석 같은 이야기를!

'한의원에 가야 하나?'

 일요일 저녁부터 오른쪽 어깨가 아프다. 콕콕 쑤신다. 고민된다. 이럴 때면 꼭 한의원에 간다.

뜨거운 찜질	20분
전기치료	15분
부황치료	10분
피 뽑기	5~10분
침 맞기	15분

대기하는 시간과 치료와 치료 사이 정리하고 시작하는 시간까지 합치면 최소 1시간 30분이다. 시간이 아깝다. 왔다 갔다 하면 오전 시간이 훌쩍 지난다. 예전 같으면 묻지도 따지지도 않고 한의원을 쫓아간다. 다녀와야 어깨가 그나마 덜 아프니깐. 하지만 이번엔 가지 않겠다.

가지 않겠다고 결정한 두 번째 이유는 자연 치유를 해보고 싶기 때문이다. 한의원에 가면 좋다. 따뜻하게 찜질하고 전기치료에 부황까지 하고 나면 뭉친 어깨가 조금은 몰랑해지는 기분이다. 피까지 뽑으면 나쁜 피가 다 빠져나간 것처럼 시원하다. 피를 뽑은 자리에 파스를 붙여주니 더 시원한 건지도 모른다. 그런데 문제는 습관이 된다는 것이다.

매주 가서 피를 뽑는다. 사실 다리며 손목이며 허리며 수술한 부위마다 아파서, 돌아가면서 피를 뺀다. 거의 이틀에 한 번은 피를 뽑은 것 같다. 이제 그만 하고 싶다.

서도밴드를 만나고 병원 가는 일이 급격하게 줄었다. 건강해지려고 노력하니 건강해진다. 스트레칭이며 다리 풀어주는 운동을 꾸준히 한다. 게다가 블로그에서 미라클모닝을 시작하고 빨간목욕탕에 다니며 더욱 건강해지고 있다. 이젠 더 이상 병원에 가지 않는다. 놀랄 일이다. 정말로 놀랄 일이다.

미라클! 절로 말이 튀어나온다.

또 하루를 견디고 오늘 아침 목욕탕에 간다. 평소보다 온탕에서 더 오래도록 있으면서 어깨를 주무르고 스트레칭을 한다. 차가운 폭포도 평소보다 더 오래도록 맞는다. 조금 나은 것도 같다. 그래도 어쩐지 조금 부족한 느낌이다.

'어쩌지? 정말로 한의원에 가야 하나?'

그때 내 눈에 박히는 곳이 있다.

보석사우나

땀을 빼며 앉아 있는 사우나가 보인다. 시골, 작고 낡았어도 있을 건 다 있는 빨간목욕탕이다. '오늘은 저 사우나에서 몸을 좀 풀어볼까?' 하는 생각과 동시에 몸이 움직인다. 문을 살짝 열고 들어가는데 문 앞에 정숙이 언니가 누워있다.

"왜 여기 누워 계세요? 저기 의자 위에 누우시지요? 여기 차가울 텐데."
"여가 시원해가. 가만히 있으면 천천히 따시지고 좋다."

 의자에 앉아 스트레칭을 한다. 조금 있으니 언니가 옆으로 온다.

"제가 어깨가 좀 아파서요. 한의원에 안 가고 나으려고 이러고 있는 거예요."

 팔을 위로 뻗었다가 옆으로 돌렸다가 앞으로 쭉 뻗었다가 뒤로 돌렸다가 요란스러운 내 모습을 자꾸 쳐다봐서 나도 모르게 변명처럼 하고 만다.

"젊은 사람이 우짜다가 아프노? 내는 그래 일 많이 해도 한의원 갈 일 없다."
"무슨 일 하시는데요?"
"저짜서 딸기 농사 안 짓나. 무거운 거 많이 등께 한 번씩 아프지. 그래도 한의원 생전 안 간다. 일 년에 두세 번 가나?"
"우와. 대단하세요. 저는 한의원 거의 날마다 갔어요. 어깨랑 다리랑 허리랑 손목도 좀 안 좋고요."

"젊은 기 와 그렇노?"

언니. 저 안 젊어요. 저도 50이 넘은걸요.

말하고 싶었지만 입안으로 꼴깍하고 넘긴다. 말해도 분명 그래도 어리다고 할 것임이 분명하다. 빨간목욕탕에서는 내가 막내다.

"내 젊었을 때 화투친다고 어깨가 좀 아팠지. 그래도 멀쩡하다. 그때는 화투치는 계도 안 있었나. 집집마다 돌아가면서 한 번 치면 밤을 새고. 흐흐흐. 그럴 때도 있었는데."

젊은 시절을 떠올린 걸까? 정숙이 언니 얼굴에 웃음이 가득하다. 정숙이 언니의 이야기보따리가 술술 풀린다.

"시집이라고 오니 홀시어머니에 시동생은 둘이나 있제. 시동생 둘을 내가 다 건사 안 했나. 고생한 거 말도 못 한다. 그래 고생해가 재산 다 일궈났더만."

정숙이 언니는 잠시 말을 멈춘다. 화투치며 놀던 이야기를 그리 신나게 하더니 고생한 이야기에 말을 살짝 멈춘다. 내가 그리 보아서인가. 살짝 눈물이 맺힌 듯도 보인다.

"재산이 그래 많아가 놀고먹어도 집 한 채씩 팔아서 살 수 있었는데 그 뭐 바깥양반이 홀라당 사기를 다 당해가지고. 빚만 없어도 살 끼다. 빚은, 빚은 어째 그리 많은지. 결국 자식들 대학도 못 보내고 얼마나 고생했는가. 이제 빚 거의 다 갚았다. 내 그래가 딸기 농사도 시작한 거고. 내가 아이들 데리고 다니면서 화투친다고 시누이가 그래 욕하더만. 우리 아 학교에서 공부 잘해가 상도 많이 받아오고 안 했나. 흐흐"

 시누이를 떠올린 걸까. 정숙이 언니 얼굴에는 복수에 성공한 사람이 짓는 듯한 쓴웃음이 떠오른다. 입꼬리가 한쪽만 살짝 올라가는 것이 분명 시누이 코를 납작하게 만든 일을 떠올리는 게 틀림없다.

"그때 화투라도 안 쳤으면 내가 이래 살아있을까 싶다. 재산 다 날려버리고 내 세상 그만 살고 싶어가지고. 아들자식 둘이 있는 게 그게 눈에 밟혀가 못 죽었제. 내가 다 살라고 그랬는 기라. 살라고. 사람 목숨. 다 때가 있는 기라. 때가. 큰아들이 공부 그래 잘해도 집안 형편이 그랑께 대학도 못 가고."

언니는 말을 잠시 멈춘다. '일시 정지'한 세탁기처럼 순간 모든 움직임을 멈춘다. 나도 멈춘다.

"그래도 군대에서 뭔 이야기를 들었는가. 우리는 이런 데 있응께 모른다 아이가. 군대 갔다오더만 경찰되는 시험을 안 쳤나. 경남에서 10명 뽑는데 500명이 왔다 카대. 요새는 인기가 없을랑가 몰라도 그때는 순경이라 카면 알아줬다."

아들 이야기에 언니 얼굴은 생기가 가득하다. 활기가 넘친다. 역시 자식 이야기가 최고다.

"머리가 똑똑한께 한 번에 붙었제. 그랑께 내가 좀 살겠데. 그때는 내가 안 움직이면 우리 식구 굶어 죽을 판인 기라. 울 아가 딱 합격하고 낭께 그제서야 살겠데. 이제 굶어 죽지는 않겠구나. 싶은 게."

드디어 '동작'을 누른다. 세탁기가 다시 '씽씽' 돌아가듯 언니는 신이 난다.

"빚진 사람들 안 찾아갔나. 자식이 이래 합격했다고 월급 타면 얼마씩 갚겠다고. 어떤 사람은 이자도 안 받고 매달 그래 갚아 중께 고맙다고 하대. 내야말로 참 고마운 기라."

 한참을 아들 자랑이다. 역시 자식 자랑이 제일로 큰 기쁨이다.

"그래 이제 빚은 거의 다 갚고. 내가 안 하면 바깥양반은 아무것도 안 항께 이제 같이 딸기 농사 안 짓나."

 남편분 이야기만 나오면 목소리가 젖어드는 것만 같다.

"화투판에 아 델꼬 다닌다고 그래 욕하더만 우리 아가 그 뭐고? 경장! 경위! 승진되는 시험도 딱딱 합격 항께 이제 아무 말도 못 한다. 하하하하하!"

 정말로 통쾌한 웃음이다. 가장 큰 웃음이다.

"아드님 너무 대단하세요."

나도 같이 웃는다. 가장 큰 웃음이다. 손뼉까지 치며 신나게 웃는다. 눈물이 찔끔 날 정도로 웃는다. 그래 웃는다.

정숙이 언니도 나도 그렇게 웃는다.

정숙이 언니는 13년 전 손녀가 태어나면서 화투를 끊었다고 한다. 자식까지는 괜찮지만 손녀 보기에 좀 미안해서 그런 건가 했더니 이건 웬걸.

"내 손녀 본다고 창원에 갔었더만 그 사이에 화투치는 사람들이 없어져뿠데?"

이런이런.
결국 언니 없는 동안 같이 화투치던 사람들이 흩어져 버렸단다. 알고 보면 언니가 그 화투판의 중심이었던가 보다. 혹시 언니가 말로만 듣던 바로 그 타짜? 혼자 상상하며 웃는다.

20분이 조금 넘는 시간.

한 사람의 생을 다 토해내기에는 너무도 짧은 시간이다. 파노라마처럼 지나가는 정숙이 언니의 지난날들을 들으며 같이 웃기도 하고 맞장구도 치고 손뼉도 치고 그러다 눈물도 찔끔 난다. 정숙이 언니의 이야기보따리는 이번 추석 하루 전날, 칠순 잔치를 아주 크게 해줬다는 며느리 자랑으로 막을 내린다.

 보석사우나에서 나오니 나는 수육이 되어 있다. 안 그래도 땀이 많은데 보석사우나에서 얼마나 땀을 흘렸을지는 상상에 맡긴다. 어깨는 어떻게 되었냐고? 3일 동안 빨간목욕탕을 다니고 통증이 사라졌다. 한의원에 가지 않고, 피도 빼지 않는다. 미라클! 빨간목욕탕의 위력에 또 한 번 이 말이 절로 튀어나온다.

당당함을 잃지 않는 매력

"좋은 목욕탕은 서울에 가면 천진데 뭐 할라고 시골에 와서 좋은 목욕탕을 찾노. 시골에 왔으면 시골 목욕탕을 와야지."

할머니라고 하기에 너무 젊은 수정이 언니가 손자, 손녀 손을 잡고 빨간목욕탕 안으로 들어간다. 역시! 빨간목욕탕은 뭔가 특별하다.

"어여 들어온나. 내 새끼들."

이게 무슨 소린가. 일요일 한낮의 빨간목욕탕. 5시 반 언니도, 6시 반 언니도 없어 조금은 낯선 곳이 되어버린 빨간목욕탕. 웬일인지 5시 반 수정이 언니가 들어온다. 그것도 딸인 듯 보이는 젊은 아기 엄마와 서너 살 정도 되어 보이는 남매 아이들과 함께.

얼마나 반갑고 놀랐는지 순간 잘못 봤는 줄 알았다. 얼굴 한 번 쳐다보고, 시계 한 번 쳐다보고, 다시 얼굴 한 번 보고 시계 한 번 보고. 아무리 봐도 수정이 언니다.

"아니, 어떻게 이 시간에 오세요? 아는 언니 한 명도 없어서 외로웠는데요."

반가운 마음에 속엣말까지 튀어나온다.

"목욕하는데 외롭기는 뭐가 외롭노?"

타박하듯 말하지만 웃는 낯은 숨길 수가 없다. 말끝에 웃음이 묻어나는데 어떻게 숨길 수가 있겠는가.

"서울에서 딸하고 손주들 와가 목욕온다고 지금 안 오나.

아니면 이 시간에 오는가. 아침에 오지. 오늘은 아침에 안 왔다. 야들 데리고 온다고."

 언니는 아이들을 보며 밝게 웃는다. 세상에 이보다 더 사랑스러운 녀석들은 없다는 듯. 자신이 그런 표정을 짓고 있는 줄도 모를 것이다. 아이들을 바라보는 것과 동시에 저절로 나오는 표정일 테니. 이것이 파블로프가 말한 조건반사인지 무조건반사인지 잠시 고민해본다. 쓸데없는 고민이라며 혼자서 웃고 만다.

"저도 아침에 안 왔어요. 일요일이라고 놀다가 이제 왔어요. 근데 따님이랑 손주들 왔는데 강 건너 좋은 사우나 안 가고 왜 여기로 왔어요?"

 강 건너 5분 거리에 여기보다 좋은 사우나가 있다. 그곳을 떠올리다 빨간목욕탕을 둘러본다. 오늘따라 고장 난 사물함이며, 칠 벗겨진 페인트며, 얼룩덜룩 더러운 거울이며, 탈의실 전체를 차지하고 있는 투박스럽게 커다란 마루며, 그 위에 뒤죽박죽 무질서하게 놓여있는 바구니들이, 눈에 들어온다. 바구니 안에 벗어놓은 옷마저 엉망으로 흩어져 있다. 심지어 냄새도 나는 듯하다. 뭔가 잘못한 것만 같은 기분이다. 평소에는 보이지 않던 것들이 보인다. 평소에는 아무렇지도 않던 것들이 안 괜찮아진다. 서울에서 손님이 왔다는 이유로.

"서울 가면 좋은 사우나 천진데 뭐 할라고 좋은 목욕탕을 찾노. 시골에 왔으면 시골 목욕탕을 와야지."

당연한 진리를 왜 너는 모르느냐는 듯 나를 쳐다본다.

아, 당연한 말이구나! 로마에 가면 로마법을 따르라고 하듯이 시골에 왔으니 시골법을 따르는 것은 당연한 것이다. 강 건너 사우나가 아무리 좋아도 서울에 있는 것만 하겠는가. 시설 좋은 목욕탕을 찾으려면 아예 시골에 와서는 목욕탕을 안 오는 게 답이다. 빨간목욕탕이야말로 오직 이곳에만 존재하는 특별한 목욕탕이다. 그 어디에도 없는 오직 이곳에만 존재하는 우리들의 빨간목욕탕. 이른 아침을 깨우며 하루를 여는 우리만의 빨간목욕탕. 함께하는 이들이 한식구가 되어 정을 나누는 오직 이곳에만 존재하는 특별한 목욕탕이 바로 빨간목욕탕인 것이다. 이제야 알겠다는 듯 고개가 저절로 위아래로 끄덕여진다.

그러면서도 한편으로는 '아이들이 좋아할까?' 혼자 걱정이다. 우리 집에 서울 손님을 맞이하는 것 같다. 이젠 우리 집과도 같은 빨간목욕탕이다. 빨간목욕탕에 다니는 언니들과 한식구가 되었으니 빨간목욕탕이 우리 집이 되는 건 아주 당연한 것이다. 그런 빨간목욕탕이 괜히 싫은 소리라도 들을까 혼자 걱정이다. 내 걱정을 듣기라도 한 것일까. 언니는 다 안다는 얼굴로 또 나를 바라본다.

"우리 아이들은 여기 목욕탕 좋아한다. 우리 집에만 오면 여기 오자고 난리다. 뭐 한다고 좋아하나 모르겠다. 볼 것도 없는데. 귀찮구로."

귀찮다는데 얼굴엔 행복하다고 쓰여 있다. 세상 다 가진 행복이 얼굴에 그려져 빛이 난다. 곁에 있는 나에게까지 행복의 빛이 전해진다.

"할머니."
"그래그래. 들어가자. 미끄럽다. 할머니 손 꼭 잡고."

아이 둘이서 서로 할머니 손을 잡으려고 한다. 할머니라고 하기엔 아직 젊은 언니가 손자, 손녀 손 꼭 잡고 빨간목욕탕 안으로 들어간다. 오른손, 왼손. 양쪽 손을 손주 손을 꼭 잡고 들어가는 언니의 뒷모습마저 행복으로 똘똘 뭉쳤다. 행복의 환한 빛이 빨간목욕탕 안을 따듯하게 비춘다.

"내일은 아침 일찍 만나요. 원래 만나던 그 시간에요."

빨간목욕탕이 활기차진다. 생명 빛을 비추며 다시 살아난다. 에너지음료를 마신 것처럼 힘이 솟는다.

빨간목욕탕은 특별하다.
이른 아침, 쌩쌩한 언니들과 함께 아침을 여는 특별함. 언니들의 기운이 나에게도 전해진다.
일요일 한낮. 아침과는 전혀 다른 느낌이라 당황스럽기도 하지만 시골 낡은 목욕탕이 주는 훈훈함이 있다. 멀리서 오는 손주를 데리고 또 하나의 추억을 만들러 이곳에 온다.

빨간목욕탕. 참 신기한 곳이다. 서울 손님이 와도 당당함을 잃지 않는 매력적인 곳. 우리를 다 품어주듯 따듯함을 잃지 않는 곳. 건물주가 와도, 사업체를 가진 사장이 와도, 등이 굽도록 땅 보며 일한 이가 와도, 식당 문 열어야 한다며 서두르는 이가 와도, 건강을 잃어 건강을 찾으려는 이가 와도, 건강한 몸을 지키려는 이가 와도, 그 누가 어떤 모습으로 와도 빨간목욕탕은 따듯하게 품어준다.

이곳에 오면 '그 어떤 나'가 아니라 '그냥 나'로 존재한다. 모두가 똑같이 존재한다. 세상에서 가져온 허물은 다 벗어버리고 다 똑같은 맨몸뚱이로 존재한다. 그 무엇일 필요가 없다. 그 무엇으로 살기 위해 애쓸 필요가 없다. 이곳에 오면 다 똑같다. 엄마 배 속에서 나온 모습 그대로 존재한다. 그렇기에 다 똑같다. 누가 잘나고 누가 못나고 가릴 필요가 없다.

꼬부랑 할머니가 와도, 팔딱팔딱 아이가 와도 이곳은 똑같이 따듯하게 품어준다. 서울 사는 이가 와도 시골 사는 이가 와도 이곳은 똑같이 우리를 맞아준다. 마음껏 놀다 가라고 마음 편히 쉬다 가라고 빨간목욕탕은 오늘도 있는 모습 그대로 당당하게 우리를 맞는다.

빨간목욕탕이 또다시 웃고 있다. 괴기스러움을 담뿍 내뿜으며. 모든 것을 안다는 듯이.

할머니 등 밀어주다 엄마 생각이

 토요일이라는 핑계로 여유를 부리며 빨간목욕탕에 간다. 9시 조금 넘은 시간. 시간이 늦은 탓인지 토요일이어서인지 빨간목욕탕이 사람들로 북적북적하다. 아침저녁으로 불기 시작하는 찬바람이 사람들을 목욕탕으로 모여들게 만든다. 빨간목욕탕이 따뜻한 온기를 뿜어내며 모이라고 불렀나 보다. 처음 보는 얼굴들이 많다. 이것도 늦게 온 탓인지, 토요일이어서인지 알 수 없다. 단순히 빨간목욕탕이 불러서 온 것인지도 모르겠다. 토요일의 빨간목욕탕에서 새로운 분들과 목욕을 한다. 재미있다.

 옆에 앉은 할머니와 이야기 나누다 할머니 등을 밀어드리게 된다.

"아유. 시원타. 등을 밀어야 목욕을 한 거 같거든. 요즘 통 못 밀어가지고. 팔은 내가 하께. 그냥 등만 해라. 아유. 개운타!"

할머니는 등을 밀어드리는 사이사이 추임새라도 넣듯 연방 웃으며 좋다고 한다. 마지막엔 쐐기를 박듯 한마디를 던진다.

"복스럽게 생겨가지고 복 많이 받을 기야."

할머니. 요즘은 복스럽게 생겼다는 말은 칭찬이 아니라 욕이에요. 그래도 기분이 좋다. 할머니가 복 많이 받을 거라고 축복을 내려주지 않는가. 복 없게 생긴 것보다 복스럽게 생긴 게 낫다는 엉뚱한 결론을 내린다.

"앞으로 저 보이면 등 밀어달라고 하세요."
"아유. 고맙꾸로."

비누칠까지 꼼꼼하게 하고 때수건을 물로 씻어 할머니에게 돌려준다. 할머니의 웃는 얼굴 때문일까? 기쁨을 숨길 수 없었던 추임새 때문일까? 갑자기 엄마 등 밀어주던 생각이 난다.

 엄마는 다섯 살 많은 언니보다는 막내인 나와 목욕탕 가기를 좋아한다.

 "너거 언니는 아프기만 하고 시원하지가 않다. 뭔 잔소리는 그리 많은지. 니랑 와야 편타."

 폭풍 같은 시절을 보내고 난 후, 엄마에 대한 원망이 사그라든다. 오히려 같은 여자로서 동시대를 살아가는 아픔을 공유한 사이가 된다. 그 후 엄마에 대한 내 감정은 애잔함으로 바뀐다.

 '막내'라는 말에서 느껴지는 '사랑 많이 받고 컸음'에 대한 기대도, '귀여움 잔뜩 받고 컸음'에 대한 희망도 없다. 다섯 살에 돌아가신 아버지에 대한 기억이 하나도 없음에도 아버지가 엄마를 많이 힘들게 했다는 것은 안다. 4남매를 둔 엄마다. 남편조차 애먹이는 자식보다 못한 존재다. 엄마는 여섯 식구를 감당해야 한다. 한집안의 가장이 되어 새벽부터 밤늦게까지 일을 해야만 했던 엄마는 몸만 고생한 게 아니라 마음까지도 병들어 간다. 그래서인가. "막내, 니 때문에 도망도 못 가고 죽지도 못했다."라는 말을 자주 한다. 막내인 나를 보며 넋두리처럼 내뱉는다. 엄마의 넋두리를 이해하기에는 나는 너무 어리다. 그래서이다. 엄마 가슴에 대못을 박을 몹쓸 말을 많이 한 못된 딸이었던 건.

시간이 흘러 엄마가 나와 같은 여자임을 깨달아버린다. 충격이다. 엄마는 처음부터 엄마이고, 언제나 엄마이고, 앞으로도 영원히 엄마일 줄만 알았다. 어떤 계기였는지 정확히 기억나지는 않는다. 오래된 앨범 흑백사진 속 엄마의 젊은 시절 사진을 보았을 때였는지. 너무도 곱고 예쁜 엄마의 모습에서 엄마도 나처럼 젊었을 때가 있었음을 알고는 놀랐던 그때였는지. 딸이라 공부를 안 시켜줘서 국민학교 겨우 다녔다며 비뚤비뚤 써놓은 글씨를 보았을 때였는지. 모른다. 언제 어떤 일이 계기가 되어 엄마에 대한 미움이 엄마에 대한 안쓰러움으로 변한 것인지는 중요하지 않다. 엄마도 나처럼 꿈 많은 소녀 시절이 있었고, 그 시절을 힘겹게 지나왔다는 사실, 나와 같은 여자임을 깨달았다는 것이 중요할 뿐이다.

 엄마와 목욕탕에 가면 꼭 하는 것이 있다. 수건을 뜨거운 물에 푹 담가 따듯하게 만든 다음 그걸로 얼굴을 마사지한다. 이름하여 스팀 마사지. 엄마 얼굴에 따듯한 수건을 잠깐 올려두고 마사지하며 닦아준다. 여기서 중요한 것은 얼굴에 지압을 해준다는 것이다. 손가락 끝으로 이마부터 시작하여 눈두덩을 지나 눈 아래, 볼, 코, 턱, 입까지 전체적으로 꼭꼭 눌러준다. 뜨거운 수건을 다시 한번 더 얼굴에 살짝 올렸다 빼고는 이번에는 손가락을 살짝 눕혀 닿는 면을 조금 더 넓게 한 다음 얼굴 안쪽에서 바깥쪽으로 쓸어준다. 이때는 주문을 꼭 외워야 한다.

"주름아, 퍼져라. 엄마 얼굴에 주름아, 싹싹 퍼져라."

 이쯤 되면 엄마는 더 이상 참지 못하고 추임새를 넣는다.

"아고. 이런 거 뭐 할라꼬 하노? 늙은 내가 해서 뭐 한다고. 젊은 니나 하지."

엄마는 오늘도 다른 사람들 다 들으라는 듯이 큰 소리로 말한다. 얼굴엔 웃음이 삐질삐질 삐져나온다. 아무리 숨기려고 해도 숨길 수 없다고 말하려는 듯이. 아닌 척해도 행복하다는 얼굴을 숨길 수 없다는 듯이. 아니, 실컷 자랑하고 싶다는 듯이.

"어머. 딸인가베? 딸이 우쨰 이래 잘 하노?"
"아유. 부럽네. 부러버. 어짜면 딸이랑 저래 하노?"

엄마는 기어이 주변 사람들로부터 부러움의 찬사를 받아내고야 만다.

"안 그래도마. 하지 말라는데. 야가 자꾸 이래 하네. 하하하하."

하하하하하. 이것 말고 뭐라고 표현해야 할까. 엄마는 소리 내서 "하하하하하!" 웃는다. 자랑을 가득 담은 채. 막내딸이 이렇게 해준다고 자랑할 수밖에 없다는 듯이 입을 크게 벌리며 웃는다.

엄마가 막내인 나와 목욕탕 가기를 좋아했던 건 아마도 이것 때문이지 않았을까. 딸자식 자랑이 하고 싶어서. 자식에게 사랑받고 있음을 자랑하고 싶어서.

더 많이 자랑하게 해드리지 못함에 눈물 난다. 사랑받고 있음을 더 많이 느끼게 해드리지 못했음에 눈물이 난다. 지금이라면, 지금 조금만 더 기회를 준다면, 듬뿍 사랑할 테다.

엄마!
당신은 사랑받는 존재였음을.
너무 당연한 일이라 자랑하지 않아도 될 만큼.
그렇게 듬뿍 사랑할 테다.

좋았던 시절에 살고 있는 치매 할머니

 일요일이라 또다시 여유를 부린다. 역시 늦게 도착하니 아는 얼굴이 많지 않다. 5시, 1부로 오는 우리 언니들은 아무도 없고 6시, 2부로 오는 언니들도 안 보인다. 어쩌다 한 번씩 만나는 얼굴이 몇 보인다.

 새로운 만남도 좋다. 일요일, 여유로운 아침에 만나는 새로운 얼굴들. 새로운 모습들도 빨간목욕탕의 모습이다.

 아이 손님이 온다. 세 명! 가장 큰 아이가 유치원생 정도 되어 보인다. 그 아래로 두 명이 더 있는데 가장 작은 아이가 남자아이다. 서너 살 되어 보인다. 할머니와 엄마로 보이는 대가족이 함께 온다. 목욕탕은 귀한 손님으로 들썩인다.

"아이 손님이 오셨네!"
"아유, 귀여버라. 요 작은 통에 들어가나?"

막내 아이가 세숫대야 그 작은 통 속에 다리를 구겨 넣고 '통' 들어가 있다. 양쪽 무릎이 대야 바깥으로 튀어나온 건 당연하다. 그래도 통 속에 들어갈 수 있는 아이는 막내 아이뿐이다. 누나들은 그게 불만인 것 같다.

"우리는 어디 들어가노?"
"너거는 여 앉아라."

엄마가 앉는 의자 두 개를 챙겨온다. 아이들은 집에서 목욕할 때도 통 속에 들어가는 게 틀림없다.

"내도 들어가고 싶다."
"있어봐라. 씻고 저 큰 데 들어가자."

처음 목욕탕을 오는 것일까. 매번 올 때마다 똑같이 설명을 해주는 걸까. 아이들은 엄마의 한마디에 알아들었는지 아무 말이 없다. 불만인 건지 불안한 건지. 탕을 한 번 쳐다보고 막내를 한 번 쳐다보고 엄마를 한 번 쳐다본다. 엄마는 이런 일쯤 늘 있다는 듯 아무렇지 않게 아이들의 긴 머리를 묶어 준다.

원체 작은 곳이라 그런 걸까. 한 가족이 왔을 뿐인데 목욕탕이 가득 찬 것만 같다. 아이들의 생명 에너지가 빨간목욕탕을 가득 채운다. 봄에 연둣빛으로 피어나는 새싹들이 온 에너지를 받아들이고 그 에너지를 뿜어내듯. 빨간목욕탕이 새롭게 들썩인다.

목욕탕 문이 삐죽 열리면서 할머니 한 분이 들어온다. 제법 큰 체구인데도 몸을 기울이고 있어서인지 작아 보인다. 천천히 한 걸음씩 발을 뗀다. 발걸음이 불안정하다. 넘어질 것만 같아 보는 시선이 불안으로 가득하다. 내가 잘 넘어지고 다쳐서인지 불안한 마음이 더 크다. 다행이다. 바로 뒤따라서 딸인 듯 보이는 분이 들어와 이내 할머니 한쪽 팔을 부축하듯 잡는다. 여전히 조심스러운 걸음으로 천천히 걸어와 미지근한 탕 테두리에 앉을 수 있도록 되어 있는 곳으로 온다.

"여기 앉아라. 천천히."

 할머니를 앉혀두고는 대야랑 플라스틱 의자를 가지고 온다. 대야에 물을 떠서 할머니 몸에 붓고 때수건에 비누를 묻혀 할머니 몸을 씻긴다.

"머리 숙이고. 눈에 드가면 눈 따갑다. 눈 꼭 감고."

 이번에는 머리를 감긴다. 할머니는 말 잘 듣는 아기처럼 시키는 대로 묵묵히 따른다. 머리와 몸을 다 씻긴 할머니를 부축하여 일으킨다.

"미끄럽다. 살살 드가라. 옳지. 오른쪽 발 먼저 떼고. 올리야지. 다리를. 그래. 그래."

 이제 처음 걸음을 떼는 아이에게 걸음마를 가르치듯, 할머니 팔을 잡고는 할머니 스스로 다리를 들고 탕 속으로 들어갈 수 있도록 한다. 탕에 들어온 할머니가 탕 안에 있던 영희 언니에게 무어라 이야기한다. 물소리에 묻혀서인지, 할머니의 어눌한 말투 때문인지 나는 하나도 알아듣지 못한다. 언니는 어떻게 알아듣는 것인지 할머니 옆으로 가더니 한참을 이야기한다. 잘 아는 사이인가 보다.

'말을 처음 배우는 아기처럼 옹알거리듯 말하는데 그걸 어떻게 알아듣지?'

궁금함을 밀어두고 일요일의 여유를 즐기기 위해 보석사우나로 간다.

조금 있으려니 영희 언니가 들어온다. 60대로 얼굴이 동글동글 귀여운 언니다. 잘됐다. 궁금했는데. 언니는 내가 묻기도 전에 이야기보따리를 풀어놓는다. 역시 빨간목욕탕 언니다. 이야기를 술술 잘 풀어주는 빨간목욕탕 언니들.

"저 할머니, 치매 아이가. 치매."
"아!"
"자기는 치맨 줄 모른다. 치매가 그런 갑데? 옛날 기억이 생생한가. 내만 보면 저래 반갑다고 안 하나. 내 요만할 때부터 봤응께."

언니는 손으로 조그맣다는 걸 표시하는 듯 낮게 손을 들었다 내린다.

"동네에서 내 크던 거 다 안 봤나. 지금은 치매 걸려가 저렇제. 목소리도 크고 덩치도 크고 동네에서는 대장부였는데. 남자일 다하고. 자식들도 얼마나 잘 키웠는데. 지금 저렇게 쪼글아들어갖고. 보면 안됐다."
"따님이 같이 사시나 봐요?"
"언제. 딸이 아니고 며느리 아이가. 며느리."
"네? 그럼 아드님하고 같이 사는 거예요?"
"아이다. 아들들 다 저 멀리 안 사나. 서울하고 또 어디더라?"
"그런데 어떻게 며느님이?"
"평일에는 가까이 사는 질부가 같이 있고. 주말마다 아들 며느리들이 돌아가면서 안 오나. 낮에는 그래도 유치원인가 있제? 노인들 가는 데? 거기 간다. 얌전해가 말썽 안 부리고 잘 있응게 유치원에서도 잘 있고. 아침, 점심, 저녁 세 끼 다 묵제. 데리고 갔다 데리고 오제. 질부가 밤에 같이 자고. 주말에는 저래 자식들이 돌아가면서 와가 같이 있는다. 이번에는 막내며느리 차롄 갑네. 막내며느리가 잘한다. 딸맨치로. 살갑게 하고."

내가 살던 기억을 잃어간다는 건 어떤 기분일까. 나 자신을 잃어버린다는 것. 쉽게 말했었다. 치매만은 걸리지 않았으면 좋겠다고. 죽을 때까지 나를 잃고 싶지 않다고.

다큐멘터리였는지 인간극장이었는지 잘 기억나지 않는다. 치매 걸린 어머니를 돌보기 위해 아들이 직장도 그만두고 결혼도 파탄 나고 혼자서 어머니를 돌보는 그런 내용이다. 그것을 보며 겁을 먹는다. 그리곤 당장 치매 보험을 가입한다.

"원이야, 엄마가 혹시라도 치매에 걸려 기억을 잃어버리면 니는 절대 이렇게 하지 마라. 엄마 보험 넣어놨다. 한 달에 백만 원씩 나온다고 하더라. 그러니깐 시설 좋은 데 보내도. 절대로 니가 엄마 데리고 있을라고 하지 마라. 알았나? 보험 가입했다는 것도 기억 못 할 테니 니가 잘 기억해뒀다가 엄마 시설 좋은 데 보내도. 알았제?"

이제 겨우 초등학교 6학년인 아들을 붙들고 기어이 "알았다."는 대답을 받아내고야 만다. 그 정도로 불안하다. 어느 책에선가 생각이 너무 많아 복잡하게 엉켜 더 이상 생각을 할 수 없어질 때 치매가 온다고 했던가. 가위로 엉킨 실뭉치를 잘라낼 수밖에 없을 정도로 생각이 복잡하게 엉킬 때 치매가 온다고.

 내가 어쩔 수 없는 것에 대한 두려움이 크다. 수술도 많이 하고 병원 신세도 많이 지고 불편한 몸인 채로 평생을 살아야 하기에 두려움이 더 큰 것일지도 모른다. 이대로 살아도 좋다. 아직도 다리에 경직이 오고 한 번씩 심장이 조여오는 고통을 느낀다. 그래도 좋다. 더 욕심내지 않겠다. 그러니 치매만은 나를 피해 갔으면 한다. 나를 잃고 싶지 않다.

『모리와 함께 한 화요일』의 모리 교수님처럼 내 마지막 가는 모습을 잘 담고 싶다. 비록 몸이 제 마음대로 움직이지 못하게 되더라도 나를 잃지 않은 채 잘 살았다, 나 스스로 칭찬하며 그렇게 내 가는 길을 기억하고 싶다.

 나를 잃어간다는 건 너무도 잔인한 일이다.

"그래도 할매가 내는 잘 기억해가 얼마나 좋아하는지 모른다. 젊은 시절 속에서 사는 기라. 아들 낳아가 키울 땐가. 지금은 그 안에서 사는 갑데."

자신이 좋았던 시절로 도망가는 걸까.

"나이 들어보니깐 아이 키울 때가 제일 행복했더라. 그때는 남편 실업자 되고 전세금 떼이고. 하루 먹고 사는 것도 무서웠다. 사는 게 너무 힘들었는데. 지나고 보니 그래도 그때가 제일 행복했더라."

가장 행복했다는 그 시절로 잠시 다녀오는 걸까. 언니는 잔잔한 미소를 머금은 채 잠시간의 멈춤이다. 순간 여행이라도 하듯 우리는 서로의 행복 속으로 다녀온다.

"무슨 소리 하노. 이제부터가 진짜지. 자식들 다 컸겠다. 이제는 우리만 생각하면서 살자. 놀러도 다니고. 맛있는 것도 묵고. 알았제?"

오래된 친구에게서 들은 말이다. 서로의 삶이 녹록지 않음을 알기에 우린 그저 웃는다. 이야기는 서로의 다짐으로 끝난다. 하지만 안다. 우린 죽을 때까지 자식 걱정하고 살 거라는 것을. 결국 우린 엄마이지 않은가. 그래도 조금은 내려놓

자. 너무 많은 걱정과 생각으로 머릿속이 엉켜 잘라버리는 일은 일어나지 않았으면 한다. 그러니 내려놓자!

빨간목욕탕의 새로운 손님. 아이들이 칭얼거리고 있다. 빨리 나가자며 엄마 팔을 붙들고 흔든다. 너무 오래 있어 힘든가 보다.

"다 했다. 이거만 헹구고 가자. 이는 다 닦았제?"
"아까 다 닦았다아이가. 빨리 가자."

아이가 나가려고 일어선다. 자신의 몸에 있는 거품을 헹구는 엄마 손이 빨라진다. 빛의 속도라는 말은 이럴 때 쓰는 것이다. 아이가 넘어질까 쳐다보며 얼른 몸을 헹군다.

"다했다. 엄마, 아이들 데리고 먼저 나가 있어라."

아이 엄마가 자신의 엄마를 부른다. 빛의 속도로도 아이들의 움직임을 잡지 못한 엄마가 다급히 자신의 엄마에게 도움을 청한다. 엄마의 엄마. 즉, 아이들의 외할머니가 아이들을 데리고 나간다. 아이 엄마는 그제야 한숨 쉬며 몸을 마저 헹군다.

 치매 할머니는 벌써 다 하셨나 보다. 따님인 줄 알았던 막내며느리가 들어올 때처럼 할머니 팔을 부축하고 잘 걸을 수 있도록 한다. 한쪽이 기울어지듯 천천히 한 걸음씩 걷는다. 나란히 걷는 뒷모습이 한참이나 내 눈가에 머문다.

 여유부리며 늦게 온 일요일의 빨간목욕탕!
 아이 손님도. 아이가 되어 버린 손님도.
 내 안에 들어와버린다.

 엄마가 보고 싶다. 뜬금없이!

군기반장 세신사 언니야

"내가 남자가? 똑바로 누버라. 니 세신 처음 하나?"

 세신사 언니는 전생에 군기반장이었음이 틀림없다. 그것도 특수부대 출신으로.

 코로나 이후 목욕탕에 가지 않고 집에서 샤워만 한다. 샤워만 할 때는 몰랐는데 빨간목욕탕에 오니 때가 벗기고 싶어진다. 묵은 때가 잔뜩 있는 것만 같은 생각에 온몸이 가렵기 시작한다. 한 번 가렵다고 생각해서인지 날마다 빨간목욕탕에 다녀도 만족이 되지 않는다. 묵은 때를 한번 '싹' 벗겨야 할 것만 같다. 세신사 언니에게 세신을 한번 해야지 마음먹는다. 세상사 뜻대로 되지 않는다고 했던가. 세신사 언니가 너무 바쁘다. 주중에는 내가 일하러 가야 하니 안 되고 쉬는 날인 토요일이나 일요일에 해야 하는데 세신사 언니가 시간이 안 된다. 언니와 시간을 맞추기가 힘들다. 나처럼 쉬는 날 세신하는 사람들이 많은가 보다. 시골이라 세신사를 찾는 사람들이 많이 있을까 생각한 것에 쩍쩍 금이 간다.

세신사 언니에게 세신을 받기 위한 간절함으로 시간 맞추기를 두 달. 체념한 듯하지만 혹시나 하는 마음에 또다시 물음을 던진다.

"내일도 안 되겠지요?"
"내일. 그라면 7시에 하자. 6시 30분에 와가 몸 불리고."
"네?"
"야가 귀가 먹었나. 안 들리나?"
"아, 아니에요. 내일이요. 내일. 6시 30분. 감사합니다."

드디어 세신을 하게 된다. 저절로 "야호." 소리가 터진다. 산 정상에 올라가 본 지 까마득한 옛날 같은데 그래도 "야호"

라 외치는 것을 보면 산을 좋아했던 게 맞다. 별 시답잖은 생각까지 해본다.

 언니가 시키는 대로 6시 30분 전에 도착하여 머리도 감고 몸도 비누칠하고 뜨끈뜨끈한 온탕에 들어가 몸을 불린다. 묵은 때를 다 벗겨 낼 생각에 마음이 들뜬다. 드디어 세신사 언니가 준비를 마치고 부른다.

"여 누버라."
"네. 아고, 부끄러버라."
"어허. 그런 소리 하는 거 아이다. 내가 남자가!"

 부끄럽긴 부끄럽지 않은가. 내 몸을 다른 사람에게 맡기는 것이니. 그래서 살짝 이야기한 것인데 언니가 화를 내니, 아니 화를 내는 것처럼 말하니 순간 얼음이 되어버린다. 언니 말투가 원래 투박한 걸 알지만 직접적으로 당하니 살얼음이 몸에 살살 얼기 시작하는 건 어쩔 수 없다.

"똑바로 누버라. 가만있어봐라. 내가 잡아주께."

언니는 내가 눕는 게 못마땅하다. 나는 분명 바로 눕는다고 누웠는데 언니 눈에는 비뚠가 보다. 언니는 도면 위에 올려놓고 자를 대고 딱 맞춰 설계하듯 내 몸을 이리저리 맞추기 시작한다. 엉덩이를 살짝 왼쪽으로 밀고 머리는 오른쪽으로 조금 옮기고 어깨도 살짝살짝 치며 몸을 맞춘다. 진지한 손놀림이다. 전문가의 손길이다. 세신을 시작하는 의식 같기도 하다. 살짝 놀라고 만다. 단순히 몸에 때를 벗기고 싶었던 마음이 숭고한 의식을 치르듯 경건해진다.

몸에 따뜻한 수건이 덮어지고 얼굴에도 스팀 타월이 덮어진다. 잠시 있더니 얼굴을 살살, 살살 닦는다. 거칠었던 말투나 진지한 손놀림과는 또 다른 섬세한 손길이 지나간다. 몇 번을 무엇인가 바르고 스팀 타월로 닦아낸다. 얼굴을 꾹꾹 누르며 마사지까지 이어진다. 머리까지 손이 다녀간 후라 얼어가던 몸이 나른하게 녹아버린 지 오래다. 마음은 아예 무장해제다. 여기까지만 해도 오늘 세신 성공이라며 행복에 빠진다. 그러나 이제부터 시작임을. 얼굴에 갈아진 오이가 올려지며 본격적인 세신이 시작된다. 아주 오래된 책장에 쓰여있던 세신의 순서를 꺼내 보듯 까마득한 옛 기억을 떠올려본다.

"몸에 힘을 빼고. 와이리 힘을 주는데. 편하게 누버 있으면 된다. 나한테 몸을 맡기고."

 얼굴과 머리만으로 이미 행복에 빠져 이제야 시작이라는 것을 망각한다. 본격적으로 때를 밀기 시작하는데 나도 모르게 몸에 힘이 들어간다. 언니의 친절한 설명. 마음을 편하게 하고 몸을 이완시키고. 이것은 명상할 때 자세가 아닌가. 새삼 세신이 명상과도 같다고 생각한다. 세신하며 몸도 마음도 이완된다. 역시 시답잖은 생각이다.

"옆으로 누버라."
"이, 이렇게요?"

 언니에게 몸을 맡긴다고 하였으나 큰 동작은 내가 해야 하는 것. 최선을 다해 옆으로 눕는다.

"니, 세신 처음 하나?"
"네?"
"가만 있어라. 내가 하께. 자세가 발라야 때 밀기 좋지. 이래 어설퍼가지고."

하하하하하. 웃음이 터져버린다. 커다란 웃음이다. 나도 모르게 속에서 풍선이 빵하고 터진 것처럼 웃음이 터져버린다. 뭐가 그렇게 우스운가. 나도 모른다. 지금 상황 자체가 웃긴다. 최선을 다해 옆으로 누웠건만 어설프게 엉거주춤했나 보다. 언니의 투박한 말투가 '훅'하고 와버린다. '정'이라는 글자로 와서는 가슴 속에 '콕'하고 박혀버린다.

그러니 웃음이 난다. 웃음이 터진다. 처음은 아니지만 실로 오랜만에 하는 건 맞다. 내 몸에 있는 때를 다른 사람에게 맡기다니 말도 안 된다 생각했다. 그러다 결혼을 앞두고 패키지에서 세신 포함 온몸 마사지가 있어 어쩔 수 없이 한 적이 있다. 민망함은 잠시고 편안함을 맛본 이후 가끔 아주 가끔 여행지에서 한 번씩 세신을 한다. 동네에서는 여전히 부끄러워서 하지 못한다. 이것이 내 인생 최대의 사치다. 그래봤자 열 손가락 안에 꼽을 정도로 소박한 사치지만 말이다.

코로나 이후 목욕탕 자체를 오지 않았으니 세신이 더 낯설 수밖에 없다. 빨간목욕탕도 처음에 낯설었다.

"웃지 마라. 와 이래 웃노."

언니가 다리를 '찰싹'하고 때린다. 웃음을 참으려고 손으로 입을 가린다. 그런데도 웃음이 자꾸 샌다. 한 번 터져버린 웃음이 멈추기를 거부한다. 손가락 사이사이로 자꾸 샌다. 그러다 언니의 따끔한 손바닥을 한 번 더 맞고서야 겨우 킥킥거림으로 멈춘다.

언니의 진지한 손길이 다시 이어진다. 언니가 원하는 자세로 나를 재단한다. 한쪽 다리를 살짝 눕히고 나머지 다리는 완전히 눕히고 언니 마음에 들 때까지 다리 방향을 바꾼다. 또다시 도면 위에 올려진 설계도가 된다. 이젠 얼지 않는다. 언니의 손길이, 언니의 말 길이 이미 '정'인 것을 알기에.

한참 이어지던 손길이 허벅지에서 멈춘다.

"여는 와 이렇노?"

아, 허벅지 한쪽이 움푹 파여 있다. 내 손바닥으로 반 정도 되는 크기니 작다고 할 수 없다. 움푹 들어간 주변은 반대로 딱딱하게 돌덩이가 되어 있으니 이 전체를 합하면 손바닥 전체 크기가 된다.

"데크에서 넘어졌는데 어쩌다가 잘못 넘어져서 데크 모서리에 찍혔어요. 근육이 파괴되고 피가 고였다는데. 고인 피를 빼냈는데도 한 번 파괴된 근육이라 회복이 안 되고 그러고 있어요."
"젊은 아가 어째 넘어졌길래 이렇게나 크게 들어갔노. 조심 좀 하지."

엄마의 잔소리다. 혼내면서도 속상한 마음 가득 담겼던 엄마의 잔소리. 투박한 언니 말에 안타까움이 묻어난다. 언니의 손길이 조심스러워진다. 이것도 흉터라고 해야 하는가. 그냥 움푹 파인 건데 조금 세게 만지면 아프다. 언니가 보기에도 흉터는 아닌 것 같은데 살이 푹 들어가 있으니 이상한가 보다. 아플까 어루만지듯 스치듯 지나가는 손길이 따듯하다.

"뒤집어봐라."
"네?"
"귀가 안 들리나? 몸을 뒤집으라고."
"아, 네."
"야가 와 자꾸 웃어샀노? 뒤집는 게 웃기나?"

'네. 웃겨요. 언니 말이 너무 좋아서 웃음이 나요.'

 안타까움과 다정한 손길은 어디로 갔나. 다시 돌아온 언니의 투박함에 또다시 웃음이 샌다. 차마 말로 하지 못하고 새는 웃음을 더 막아보려 입술을 살짝 깨문다. 그래도 킥킥거림이 샌다. 뒤쪽까지 세신이 끝나고 본격적인 마사지가 시작된다. 언니가 알아서 좋은 걸로 다 해 달라고 했으니 언니에게 맡기면 된다. 뜨거운 수건을 등에 올리고 손가락 끝으로 꾹꾹 누르며 전신을 지나간다. 식기도 전에 다시 뜨거운 수건으로 바꾸고 손길은 이어진다. 몇 번의 과정이 반복된다. 꾹꾹 누르던 손길이 탁탁 치기도 하고 찰싹찰싹 때리기도 하고 뒹굴뒹굴 굴리기도 하고 뻐그덕뻐그덕 꺾기도 하고 세상에 이렇게나 다양하고 많은 손놀림이 있는지 놀라움에 놀라움이 더한다. 이제 다 했나 보다 싶으면 또 다른 것을 하고 이제 진짜 다 했나 보다 하면 또 다른 손길이 이어진다. 언니가 할 수 있는 모든 것을 다 하나 보다. 감탄에 감탄이 연발이다.

 언뜻 본 세신 요금표가 떠오른다.

세신	35,000원
세신+기본 마사지	50,000원
아로마 마사지	50,000원
경락 마사지	45,000원

뭔가 더 있었는데 기억나는 게 여기까지다. 아마 지금까지 세신에 기본 마사지에 경락 마사지까지 한 것 같다. 이젠 끝난 건가? 이젠 머리로 손이 옮겨온다. 어깨부터 다시 시작하여 목으로 올라와서 머리로 이어진다. 그러다 왼쪽 귀 뒤쪽 부분에서 멈춘다.

"여는 또 와 이렇노?"

아, 머리 수술 흉터다. 어느 날 갑자기 시작된 왼쪽 얼굴의 경련. 내 의지와는 상관없이 눈이 찡그려지고 입술이 실룩거린다. 어찌 보면 윙크하는 것도 같다. 신경이 혈관에 붙었단다. 그것도 큰 혈관에. 신경을 혈관에서 떼어내고 다시 붙지 않게 그 사이에 뭔가를 넣어 두었단다. 재발의 가능성은 낮으나 극심한 스트레스 상황에 노출되면 재발할 수 있으니 스트레스를 안 받도록 하란다. 또 스트레스다. 이놈은 정말이지 거머리처럼 달라붙어 지긋지긋하도록 피를 빨아먹는다. 마음을 달리 먹어 스트레스와 함께할 방법을 궁리해야만 한다. 참 쉽지 않은 게 문제다.

두피를 10센티가 넘게 자르고 머리뼈에 오백 원짜리 동전 크기만 하게 구멍을 뚫어 수술한다. 그것을 의료용 접착제로 붙이고 피부는 꿰맨다. 몇 년이나 지났어도 그 흉터는 여전히 커다랗다. 다행이라면 이젠 머리카락이 자라 흉터를 가려준다는 것. 언니의 세심한 손길이 머리카락 속에 숨겨둔 흉터를 찾아낸다. 잊어버리고 싶은 흉터. 잊어버릴 수 없는 흉터를.

"젊은 아가 몸이 와 이 모양이고. 몸 좀 애끼가 살아라."

내 의지와 상관없이 어느 날 생긴 병에 어쩔 수 없었다고 항의하고 싶었으나 그럴 수 없다. 몸을 아끼지 않고 살았던 건 사실이니깐. 잘 넘어지고 잘 다치고 아픈 곳도 많고. 몸이 먼저인지 마음이 먼저인지 알 수 없지만 몸도 마음도 피로에 절어 살았다. 남들은 쉽게만 가는 길을 나만 왜 이리 힘들게 가느냐며 참 많이 아프고 참 많이 울었다. 알고 보면 모두 다

제 길은 힘든 고난의 길인 것을. 내 길만 힘든 길인 줄 알았다. 몸이 아프니 마음도 아프고 마음이 아프니 몸이 병들고. 토네이도에 빠진 것처럼 헤어 나올 수 없다.

빨간목욕탕에 다니며 토네이도 밖을 본다. 그렇게나 아프고 그렇게나 힘든 세월을 살아낸 언니들의 모습을 본다. 죽을 고비를 넘기고 여자라고 병들어도 치료를 해주지 않아 평생을 지병에 시달리는 그 서러운 세월을 살아내고도 지금 행복한 언니들을 본다.

고생해서 번 돈 남편이 사기당해 빚더미에서부터 다시 시작하는 삶을 살아도. 평생을 사장 소리 듣다 있는 돈 다 날리고 남 밑에서 청소원 일을 하며 살아도. 죽을 때까지 약을 먹으며 살아야 하는 병을 가졌어도. 자신 몸을 아끼고 사랑하고 챙기는 언니들의 모습을 본다. 80이 넘어도 일하는 게 너무도 당연한, 일할 수 있어서 감사한, 행복한 언니들을 본다.

토네이도 밖으로 나갈 수 없는 수렁을 나 스스로 만들었음을 안다. 스스로 채운 족쇄를 끊어낸다. 더 잡아당기겠지. 절대 빠져나가지 못하도록. 죽어야만 나갈 수 있도록. 그러니 죽을 힘을 다해 끊어내야 한다. 그러지 않고서는 지난날의 나를 잘라낼 수 없다.

 빨간목욕탕에 다니며 몸도 마음도 아낄 줄 아는 내가 되어간다. 참 고맙다.

 경락 마사지로 예상되는 모든 손놀림이 멈춘다. 이젠 끝났나 보다 했는데 웬걸. 이젠 무언가를 바르기 시작한다. 얼굴에도 몇 번을 바르고 닦아내고 마지막에 오이를 붙이더니 이번엔 몸 차례인가 보다. 무엇을 그리 바르는지 모른다. 때론 약초 냄새 같기도 하고 때론 향기로운 꽃향기 같기도 하고 또 때론 상큼한 과일 향이 나기도 한다. 눈을 감고 명상하듯 온몸과 마음을 언니에게 맡기고 있으니 나른한 행복이 찾아온다.

 "자, 잡아줄 테니 홀짝 일어나봐라. 옳지."

 내 몸이 언제 일어나 앉아 있지? 언니에게 몸을 맡겼더니 어느새 세신을 마친 몸이 세신 침대 끝에 걸터앉아 있다. 잠시 잠이 든 것인가. 눈을 뜨고 정신을 차려본다.

"아나. 이거 얼굴에 발라라."
"이게 뭐예요?"

 허여멀건 알갱이를 한 숟가락 정도 되게 떠서 준다. 아직도 잠이 덜 깬 듯 몽롱하게 손에 덜어준 알갱이 한 번 쳐다보고 언니를 쳐다본다.

"레몬 아이가. 레몬."

 도대체 내 얼굴과 몸에 얼마나 많은 먹거리들이 지나간 것인가. 먹지 말고 몸에 양보하라고 하더니 그 광고는 세신사 언니를 보며 만든 게 아닐까. 또 시답잖은 생각이 지나간다.

"냉장고에 붙은 계좌로 나가서 바로 입금할게요. 얼마 입금하면 될까요?"

 사실, 언니의 손길이 수없이 지나가면서 슬며시 걱정했다. 아무리 사치라고 하지만 너무 많은 비용을 들일 만큼 배짱이 있지는 않다. 그동안 결혼 앞둔 패키지 외에는 진짜 딱 세신만 했다. 마사지는 없이.

어쩌자고 언니에게 할 수 있는 거 알아서 다 해달라고 했을까. 좋긴 한데 값이 만만치 않겠다. 가만 보자. 요금표가 바로 앞에 있다. 이걸 다 합치면? 10만 원이 훌쩍 넘는다. 여태까지의 평안함은 어디로 가고 안절부절 마음이 요동친다. 설마 10만 원이 넘진 않겠지? 제발 10만 원만 넘지 말아라. 10만 원이 최고 상한선이다. 10만 원, 너무 큰돈이지만 이미 몸에 지나간 수많은 손길과 향기들이 10만 원은 넘는다고 말하고 있다. 5만 원, 많아도 7만 원 정도 예상하고 세신을 시작했다가 최고 금액을 갱신하게 될 불안이 검은 옷을 칭칭 감고 다가온다.

"4만 원!"
"네?"
"야가 귀가 먹었나? 와 사람 말을 한 번에 몬 알아 듣노? 젊은 아가 귀가 그래가 우짜노."

마지막까지 언니에게 혼이 나고야 정신을 차린다.
 이 모든 게 4만 원이라니. 믿을 수가 없다. 언니가 지나간 손길만 해도 얼만가. 내 얼굴과 내 몸에 지나간 먹거리만 해도 얼만가. 먹지 못하는 것까지 지나갔을 테니 이건 말이 안 된다. 그러니 다시 물을 수밖에.

또 물었다가 언니에게 혼나고야 만다. 언니에게 감사하다며 몇 번을 인사하고 시간 될 때마다 꼭 해달라고 또다시 신신당부하며 나온다.

얼마를 입금했는지 궁금한가? 4만 7천 원! 만 원이면 만 원이고 5천 원이면 5천 원이지 무슨 7천 원이냐고 묻고 싶은가. 그러면 그러고 싶어서라고 답한다. 5천 원은 너무 적은 것 같고 만 원은 뭔가 딱 떨어지는 게 마음에 안 든다. '7'이라는 숫자가 행운을 상징한다고 하니 7천 원을 드리면 주는 사람도 받는 사람도 부담 없이 웃을 수 있다는 생각이다. 역시 시답잖다. 4만 7천 원. 아니, 4만 원에 인생 최대의 사치를 누린다. 몸도 마음도 완전히 맡기며 행복 가득 선물을 덤으로 받은.

수영장이 된 온탕

"수영장에 놀러 온 거 같아요!"
"이래 작은 수영장이 어딨노?"

 무서운 언니, 옥경이 언니는 여전히 낮고 굵은 목소리로 나무란다. 하지만 얼굴에는 웃음이 머물다 간다. 온탕에는 물놀이 온 언니들로 가득하다.

 빨간목욕탕에 다닌 지 두 달이 다 되어서인지, 당당히 빨간목욕탕 식구가 되어서인지 이제 제법 언니들과 친해졌다. 이젠 빨간목욕탕 식구, 모두가 언니다. 처음 오거나 정말 정말 할머니를 제외하고는 모두 언니다. 한 번은 탈의실 마루에 앉아 있는 70 넘은 언니에게 '왕언니'라고 불렀다가 옆에 있는 언니에게 혼났다.

"인자 70밖에 안 된 게 '왕언니'면 내는 뭐가 되노? '왕왕언니'가?"

언니는 80이 넘은 거다. 80 넘은 언니에게 70은 아직 어린 나이!

'어린 나이' 언니에게 '왕언니'라고 불렀으니 혼날 만하다.

호칭을 어떻게 해야 하나? 물음표가 머릿속에 떠다닌다. 내 고민을 알기라도 한 듯 세신하는 언니가 결론을 내려준다. 혼내던 80 넘은 언니에게 동의를 구하듯 말한다. 너무도 당연하다는 듯이.

"여는 다 언니다. 언니! 80이 넘어도, 90이 넘어도 언니라 하면 좋아한다. 안 그렇나? 언니야!"
"하모. 그렇지. 80이고 90이고 다 언니라 카면 좋아한다. 내도 언니라 카면 기분 좋다."

 동그란 얼굴에 웃으며 생기는 주름이 예쁘다. 살아온 세월만큼이나 가득한 주름이 웃음 따라 올라간다. 스마일 이모티콘에 있는 입 모양 같다. 입꼬리가 위로 올라가 있는, 잘 빚어놓은 우동 그릇 같기도 같다. 흙으로 빚은 우동 그릇은 사람의 손자국이 그릇 바깥쪽으로 올라가 있지 않은가. 주름주름들이 사선으로 당겨 올라가 피부결을 이룬다. 웃음 주름이 얼굴에 예쁘게도 핀다. 동그란 얼굴에 주름도 동그랗게 통통 튄다. 예쁘다.

"어르신은 무슨 어르신이고. 늙어 보이구로! 거 요양보호사나 복지사나 일해야 하는 사람들은 어쩔 수 없지. 안 그라고 이래 만나는 사람들은 다 언니인 기라. 언니. 이모도 안 돼. 이모도 엄마 연배 아이가. 그라면 엄마뻘인 거니깐 늙은 거지. 여는 다 언니다. 언니!"
"언니요? 알겠습니다. 네, 언니!"
"그래. 그래. 하하하하하."

 80이 넘었다는 '왕왕언니'에게 "언니!"라고 부른다. 커다란 웃음을 매달고서. 탈의실 마루에 앉은 70 넘은 언니도, 옆에 앉은 80 넘은 언니도. 거울 밑에 머리카락을 치우고 있던 세신하는 언니도. 옷을 갈아입고 있던 이제 막 들어온 나이를 알 수 없는 언니도. 모두모두 웃는다. 한바탕 '언니' 잔치가 열린다.

탈의실 마루에서 시작된 웃음이 빨간목욕탕을 가득 채운다.

온탕에 사람들이 많이 드나들면 물이 식는다. 그러면 뜨거운 물을 틀어 온도를 높인다. 수도꼭지에서 바로 나오는 물은 무지하게 뜨겁다. 아무리 뜨거운 물을 좋아하는 나라도 수도꼭지에서 바로 나오는 물은 가까이할 수 없다. 너무 뜨겁기 때문이다. 수도꼭지 가깝게 있으면 화상을 입는다. 그 정도로 뜨거운 물이 바로 나온다.

그렇기에 온탕에서 뜨거운 물을 틀면 반드시 해야 하는 동작이 있다. 발이든 팔이든 휘휘 저어 뜨거운 물을 탕 곳곳으로 보내 섞어준다. 처음엔 이해가 되지 않는다. 사람이 없을 때 하면 되지 않은가. 온탕에 사람이 없을 때 뜨거운 물을 틀어놓고 사람들이 들어가면 물을 잠근다. 그러면 직접적으로 뜨거운 물을 맞지 않으니 괜찮지 않은가.

"사람 없을 때는 여기 물 안 튼다. 물을 아껴야지."

 물을 절약하기 위해 사람이 있을 때만. 즉, 사용할 때만 물을 튼다. 너무도 당연한 것을 왜 그 생각을 못 했던 것일까. 사용하지 않을 때 미리 뜨거운 물을 틀어놓으면 물이 식는다는 건 아주 당연한 것이 아닌가. 그 생각을 하지 못한다.

 오래도록 목욕탕에 다니던 언니들과 이제 막 다니는 신입의 차이일까. 나도 오래도록, 더 많이 다니면 자연스럽게 목욕탕을 아끼는 방법을 생각하게 될까.

 그러고 보면 여기서는 물을 넘치게도 하지 않는다. 코로나 전에 목욕탕에 다닐 때는 온탕이든 미지근한 탕이든 물을 콸콸 세게 틀어놓는다. 위에 때가 떠다니기라도 한다는 듯 매번 물이 밖으로 넘치게 튼다. 다른 분들도 그렇게 했고 나도 그렇게 했다. 물 절약 따위는 생각도 하지 않는다. 내 몸을 담글 물이 깨끗해야 한다는 것만 생각하며 더러운 물을 새 물로 바꾸려는 듯 물을 넘쳐 흘려 버린다.

첫날 머리 모자를 쓰지 않고 탕에 들어간다고 혼났던 것도, 몸을 깨끗이 씻고 탕에 들어가기를 강조하는 것도 알고 보면 탕에 있는 물을 깨끗이 하기 위함이 아닌가. 탕 속 물을 깨끗이 사용하면 물을 넘치게 해서 버리는 일은 없을 테다. 이렇게나 작고 낡은 시골 목욕탕에서는 무슨 일이 벌어지고 있는 것인가. 어째서 온탕에 넘치는 물까지도. 온도가 내려가 식는 물까지도 생각하며 아낀단 말인가. 놀랐던 기억들이 까마득히 옛일 같다. 이젠 사용하지 않을 때는 물을 반드시 잠가서 낭비되는 물이 없도록 하는 것이 몸에 붙어 버렸으니깐.

"야야, 팔다리 저어봐라."
"네, 언니!"

63세, 경숙이 언니가 너무나도 다소곳하게 대답한다. 역시 무서운 옥경이 언니는 나에게만 무서웠던 게 아니었다. 탕에 앉은 우리 모두가 옥경이 언니의 말 한마디에 일제히 팔다리를 젓기 시작한다.

앉은 채로 팔을 좌우로 흔들흔들 저어 물을 섞는 언니들이 대부분이다. 다리 운동도 할 겸 팔과 다리를 동시에 움직인다. 원을 그리듯 팔과 다리를 열심히 좌우로 움직인다. 움직임이 커서인지 물의 파동도 크다. 물결을 일으키며 탕 안 곳곳으로 흘러간다. 얼마나 했을까. 팔이며 다리며 동시에 젓는 모습을 보고 옥경이 언니가 말한다.

"니는 여가 수영장이가? 냉탕에서 혼자 수영하더만 인자는 여서 수영을 다 하네?"
"네, 수영장에 놀러 온 것 같아요."

안에서 바깥으로 바깥에서 안으로 신나게 팔과 다리를 저어가며 대답한다.

"이래 작은 수영장이 어딨노? 수영장이 이리 쪼맨해가 우짤라꼬!"

옥경이 언니가 여전히 낮고 굵은 목소리로 말한다. 하지만 웃음이 지나가는 얼굴을 숨길 수는 없다.

"여서 춤추면 살도 빠지고 좋겠제?"

옆에 있던 숙희 언니가 춤을 추듯 앉은 자리에서 허리를 흔든다. 트위스트 춤을 추듯 허리를 빙글빙글 돌린다. 허리를 돌리는 운동기구 있지 않은가. 마을회관이나 동네 운동기구 모여 있는 곳에 보면 꼭 있는 허리 돌리는 운동기구. 그 운동기구에서 허리를 돌리듯이 빙글빙글 돌린다. 그 모습에 또 한바탕 웃음이 터진다.

"됐다마. 인자 다 섞어졌다. 어여, 거 물 잠가라."
"네, 언니!"

옥경이 언니 말에 경숙이 언니가 또다시 다소곳하게 대답하며 뜨거운 물을 잠근다. 한바탕 물놀이가 끝이 난다. 언제 춤추고 놀았냐는 듯 모두가 몸을 담근다. 여전히 발만 담그고 족욕을 하는 언니, 반만 담근 채 반신욕을 하는 언니, 나처럼 온몸을 푹 담근 언니. 그 모습도 제각각이다.

온몸을 푹 담근 채 어깨를 주무른다. 어깨까지 물에 담그니 다리가 저절로 '붕' 하고 떠 오른다. 의지의 한국인처럼 끝까지 어깨를 뜨거운 물에 담그기 위해 또 하고, 또 하고, 또 한다. 몇 번이나 그렇게 했을까. 갑자기 다리를 붙드는 것이 있다. 이거 뭐지?

"발이 와 그렇게 뜨노. 안 뜨게 생겨갖고. 내 잡아주께."

 70이 갓 넘었을까. 아직 70이 안돼 보인다. 아무튼 70이 다 되어 가는 언니가 '언니'라고 부르는 것을 보니 최소 70이거나 70이 넘었거나 둘 가운데 하나이다. 몸집도 자그마하고 쌍꺼풀이 진하게 져서 귀여운 얼굴이다. 5시 반에 와서 남편분이 기다리고 있어도 씻을 거 다 씻고 온몸에 마사지도 정성껏 하는 숙희 언니다. 언니가 내 다리를 '꽁' 하고 붙든다. 물론 언니의 다리로 말이다. 나중에 안 사실이지만 언니 나이는 82세. 빨간목욕탕 언니들은 도무지 나이를 가늠할 수가 없다. 도대체 이렇게나 동안의 비결이 무엇이란 말인가. 또 하나의 궁금증을 가슴에 숨겨놓는다.

"원래 뚱뚱한 사람이 물에 더 잘 뜬대요."
"그래가 그래 잘 뜨는가베."

 이 말이 뭐가 웃기다고 또다시 웃음보가 터져버리는 걸까. 오늘은 탕 안에 있던 언니들 모두 웃음보가 얇아져 있나 보다. 살짝만 건들어도 빵빵 터지는 걸 보면.

 다리가 붙들려 움직일 수 없으니 어깨까지 물에 푹 담글 수 있다. 돌덩이처럼 굳어있던 어깨를 주무른다. 돌덩이가 점점 녹진해지더니 조금 있으니 공 같아진다. 아이들이 가지고 노는 플라스틱 공. 조금만 세게 잡아도 푹하고 들어가는 그런 얇은 공. 체온과 체온이 만나니 참 따뜻하다. 이 따뜻함으로 온탕의 물을 데울 수 있겠다.

 온탕에서 실컷 물놀이한 날. 물놀이 이후 옥경이 언니는 다시 무서운 얼굴로 돌아간다. 언제 수영장에서 놀았냐는 듯이. 온탕에서 물놀이한 게 한바탕 꿈같다. 너무도 재미난 꿈. 언니들과 신나게 춤추며 놀던 꿈. 깨고 싶지 않은 꿈.

지금 이 순간을 사랑하라

"어제는 뭐 한다고 그래 일찍 갔노? 금방 오더만 금방 가 삐데?"

나를 '특히' 많이 아껴주는 63살 경숙이 언니다.

'특히'라고 한 것에는 다 이유가 있다. 경숙이 언니는 얼굴만 알고 나를 잘 모르는 사람들에게 내가 누군지, 어떤 사람인지 일일이 이야기하며 소개한다. 그러면서 마지막에 "젊은 사람 같지 않게 참 싹싹하고 잘 한다."라는 말을 꼭 한다.

몇 번을 듣다 보니 이 부분이 나올 때쯤 되면 자리를 옮기든 얼굴을 돌리든 하게 된다. 부끄러워서 얼굴이 빨갛게 익어버리기 때문이다. 잘 익은 홍시까지는 아니지만 가을에 맛있게 익은 단감 정도는 된다. 쉽게 열이 오르는 체질이라 순간 부끄러움이 느껴지면 얼굴로 열이 확 쏠린다. 안개 자욱한 날 불빛을 비춰가며 길을 가야 할 것처럼 목욕탕 조명이 그리 밝지 않아 다행이다.

빨간목욕탕 밖으로 나가면 나이 많고 아픈 곳이 많은, 한마디로 늙고 병든 사람인데 빨간목욕탕에만 오면 막내가 되고, 젊은 사람이 되고, 어린 사람이 된다. 그 이유만으로 이렇게 사랑받고 챙김받는 것이 낯설면서도 참 좋다.

"애, 학교에 데려다줘야 해서요."

나에겐 고등학생 2학년 아이가 있다. 산골짝에서 아래로 내려오긴 했으나 학교까지 걸어서 가려면 30분이 넘게 걸린다. 우리 어릴 때를 생각하면 걸어서 다니라고 하고 싶지만 요즘엔 어디 그런가. 같이 걸어 다닐 동무도 없고 수면 시간도 부족해 반 좀비가 되어 학교 가는 모습을 봐야 하니 마음이 편치 않다. 학교 마치고 집에 올 때는 어쩔 수 없이 걸어서 와야 하니 아침 시간만큼은 꼭 데려다주려고 한다.

 아침 6시 10분. 아이를 깨우는 시간이다. 시험 기간이라 시간이 앞당겨진 것이다. 평소에는 6시 40분에 깨운다. 보통은 빨간목욕탕에 가기 전에 아이를 깨우고 목욕탕에 다녀와 아이를 학교에 데려다준다. 조금 일찍 챙겨서 5시에 목욕탕에 가면 되는데 뭘 하다 보면 꼭 5시를 넘긴다.

 아무튼 오늘은 6시 10분에 아이를 깨운다. 삶은 달걀 한 알, 단감 하나, 미지근한 물 한 컵을 준비해둔다. 아이가 나오면 젖은 머리를 말려주고 목욕탕에 간다. 그러면 6시 30분이 넘는다. 7시 40분에 아이 학교를 데려다줘야 하니 또 시간이 빠듯하다.

 누군가는 다 큰 아이 머리를 왜 말려주느냐고 한다. 이건 내 욕심이다. 아이는 이제 곧 고등학교를 졸업하고 나면 도시에 있는 대학으로 간다. 함께 있을 시간이 그리 많지 않다. 사는 곳이 시골이라 고등학교를 졸업하면 어디로 가든 헤어질 수밖에 없다. 그러니 이 짧은 시간 동안만이라도 아이 머리를 말려주고 싶다.

머리를 말려줄 때 하는 루틴이 있다. 왼손으로 드라이 기계를 잡고 두피로 바람을 쏟다. 그와 동시에 오른손으로는 머리카락을 사이사이 털어주듯 흔들어 준다. 머리끝에는 바람이 최대한 가지 않게 하면서 두피를 건조시킨다. 마무리는 약한 바람으로 옆머리를 눌러준다. 뻗치는 머리라서 옆머리를 꼭 눌러줘야 한다. 여기까지가 머리를 말리는 것이다.

다음 단계가 있다. 손으로 두피를 콕콕콕콕 쳐준다. 이러면 손가락 끝도 지압이 되어 혈액순환이 되니 나도 좋고 두피 마사지를 받는 아이도 좋다. 목뒤, 어깨, 날개뼈, 척추까지 마사지하며 주무르고 훑어주면 끝.

이렇게 길게 쓰는 이유가 있다. 이것이 하루를 여는 의식과도 같기 때문이다. 아무리 바빠도 이것은 거르지 않으려고 한다. 한 번씩 귀찮을 때가 있긴 하다. 그때마다 생각한다. 이렇게 할 수 있는 시간이 많지 않다는 걸. 이것 외에 내가 해주는 것이 없다는 걸. 이 순간은 두 번 다시 돌아오지 않을 소중한 시간이라는 걸.

사실 아이를 깨운다고 하지만 아이는 스스로 일어난다. 스마트폰으로 알람을 설정해놓고 스스로 일어난다. 보통은 알람이 울리면 바로 해제 버튼을 눌러 끄지만 아이는 매일 그렇게 끌 수 없도록 해놓는다. 무의식적으로 꺼버리고 다시 자버리는 일이 없도록 화장실 샴푸에 붙은 바코드를 인식해야 알람이 해제되도록 해둔다. 그렇게 아이는 날마다 스스로 일어난다. 그러니 나는 머리를 말리는 것만이라도 해줄 수 있음에 감사하다.

 이런 이유로, 6시 10분. 아이가 일어난 뒤 목욕탕에 가는 것도 시간이 애매하다. 최대한 일찍 다녀오려고 하는데 그게 참 뜻대로 되지 않는다.

"목욕탕도 내 마음대로 못 오고, 고2인데 벌써 이러면 내년에 고3 되면 어떻게 될까요? 아유. 진짜 학교 가지 말라고 할 수도 없고. 참."
"그게 뭐가 힘들다고 그라노?"
"예?"

"우리나라 교육이 문제다."라고 같이 울분을 토해내거나 화를 내는 것까지는 아니더라도 "고3 수험생 있으면 엄마도 고생한다."라는 말 정도는 들을 줄 알았다. 그런데 이건 뭔가. 분명 무엇인가 잘못되었다. 놀란 마음 가라앉히며 경숙이 언니의 이야기를 듣는다.

"내는 하루에 두세 시간 자고 아이들 진주까지 실어다 날랐는데? 잠이 어딨노. 아침도 뜨신 밥으로 다 해가 먹이고. 그 학교는, 고3은 6시 20분에 시작한다대? 늦어도 6시 10분까지는 학교에 델다주고 학원 딱 마치면 밤 12시 되제. 그때 데리고 오고. 5년을 그렇게 했다. 5년!"

언니는 지금 1, 2년이 뭐가 힘드냐고 말을 하고 싶었던 걸까. 다섯 손가락을 쫙 펴서 '5'를 두 번이나 강조한다.

"어짤끼고. 아이들이 공부하고 싶다 카는데. 딴 거는 몰라도 그거는 해줘야지. 여기 학교 선생님은 여서 공부시키가 서울로 대학 보내자고 하던데. 우리 아이들이 안 그랄라 카데. 시골에서 공부해가지고는 저거들 가고 싶은 데 못 간다고. 저거들이 공부하고 싶다고 보내달라 카는데 우짤끼고. 부모가 해줘야지."

경숙이 언니 아이들은 시골인 이곳에 있는 학교에서 전교 1, 2등을 했단다. 중학교까지 다니다 고등학교는 인근 소도시에 있는 학교로 갔다는 것이다. 말하자면 유학을 보낸 것이다.

옛날에는 시골에서 서울로, 부산으로 유학 보낸다는 말을 듣기는 했다. 하지만 실제로 본 적은 없어서인지 실감이 나지 않는다. 책 속에서나 존재하는 이야기인 줄 알았다. 더군다나 인근 소도시로 유학을 보낸다는 건 듣는 것도 처음이다.

"둘째가 딸내민데 아 둘이서 방을 얻어 줄 수도 없고 5년을 그렇게 왔다 갔다 안 했나."

아이들이 크던 시절, 경숙이 언니는 시골인 이곳에서 17년 동안 치킨집을 했다고 한다. 장사를 하던 때라 시간은 더 없고 몸은 더 힘들고. 하루에 두세 시간 겨우 잠을 잤다니. 낮에 손님이 없으면 잠깐 눈을 붙이는 걸로 부족한 잠을 채웠단다.

"일주일에 딱 하루 빼고는 1년 365일을 그래 안 다녔나. 하루 안 갈 때는 휴가 얻은 거 맨치로 기분 좋데. 근데 그것도 시험 기간에는 안 가는 날이 없다. 날마다 가야 된다."

경숙이 언니는 휴가를 얻어 기분이 좋아졌다가 다시 시험 기간이 되어 기분이 안 좋아진 사람처럼 표정을 바로바로 바꾸며 말한다. 25년은 더 전에 있었던 일인데도 지금 이 자리에서 일어나는 일처럼 얼굴에 웃음이 피었다가 금세 찡그러졌다가 한다. 5년을 인근 소도시로 아이들 통학시켰던 언니 앞에서 이제 겨우 1년, 그것도 10분 거리에 있는 학교로 통학시키면서 힘들다고 했으니. 이름하여 '뻔데기 앞에서 주름잡은 격'이다. 혼날만하다.

"사람이 공부, 공부, 할 필요 없다. 공부 잘해서 뭐 하겠노. 공부 잘해 봐야 대기업 가거나 공무원 되거나 학교 선생밖에 더하나? 내도 아이들이 하도 공부하고 싶어 해가 그래 한 거지. 그랄 필요 없다."

아니. 이건 또 무슨 말인가. 대기업 가는 로망을 가진 사람들, 공무원 되길 꿈꾸는 사람들, 학교 선생님 되고 싶은 소망을 가진 무수한 사람들에게 이게 무슨 막말인가.

"우리 아이들도 그래 공부, 공부해가 대기업 들어가더만 마 몇 년하고 그만 둬삐데. 뭐. 자기 길이 아니라나? 그라고 나와가지고 지 사업 시작하더만 지금 크진 않아도 직원 몇 명 두고 일 잘하고 있다. 내도 저거들한테 손 안 내밀고 저거도 내한테 손 안 내밀고 서로서로 잘살고 있다."

 역시 엄마는 자식 자랑할 때가 가장 행복하다. 경숙이 언니는 아들이 대기업을 나온 후 어떤 사업을 어떻게 하는지 소상히 알려준다. 경숙이 언니가 아는 선에서 최대한 자세하게 설명해준다. 얼굴에는 진지함이 가득하다. 생소한 용어임에도 설명에 최선을 다한다. 결론은 '고등학교 때부터 스스로 유학가서 공부할 만큼 공부를 좋아하고 잘했다. 그렇게 공부해서 대기업 갔던 아들이 자기 길이 아님을 알고 나온다. 그 뒤 자기 길을 찾아 사업을 시작했고 지금은 자리를 잡아 잘하고 있다.'라는 말이다.

"내가 지나간 일은 생각을 안 하는데 이래 이야기하니깐 그때 생각나고 좋네? 그때는 바쁘고 정신 없어가 힘든 줄도 모르고 안 했나. 해야 하니깐 당연히 한 거제. 지금 생각하면 그때 어째 그래 했나 싶다. 그래도 재밌었다. 아 따신밥 해

먹이가 학교 보낸다고 새벽같이 일어나가 밥하고 따신 국 끓이고. 자그마치 5년을 그렇게 했는데……."

회상에 젖는 듯 언니 얼굴엔 기쁨도 행복도 모두 담은 그리움이 피어난다.

"사람은 자기가 다 힘든 줄 안다. 내도 그랬다. 고생, 고생 말도 못 한다. 그래 고생해서 돈도 많이 벌어봤고 번 돈 실컷 써봤고. 지금 가진 돈 없어도, 남 밑에서 일해가 돈 쪼매 벌어도, 세상 마음 편하고 좋다. 내도 조금만 그거 하면 옛날 생각 나가 사람이 가라앉고 그라거든. 그래가 아예 생각을 안 한다. 힘들다. 내가 와 이렇노. 이런 생각 들라 카면 바로 일한다. 그래서 내가 지나간 일은 생각을 안 하는 거다. 지나간 일 생각한다고 뭐 할끼고. 바뀌는 것도 없는데 괜히 지난 일 생각한다고 하면 사람이 자꾸 가라앉는 기라. 내가 내를 아니깐 안 그랄라고 하지. 벌어놓은 돈 놀면서 다 까먹고 돈이 없응께 사람 우울해지고. 이라면 안 되겠다 싶어가 남 밑에서 일한 지 이제 2년 안돼가나. 쪼께 벌어가 쪼께 쓰면 되는 기고."

언니의 인생 강의가 끝을 맺는다. 자기가 하고 싶은 일 하면서 사는 게 제일 행복하다. 그러니 공부, 공부 너무 할 필요도 없고 지나간 일 떠올리며 슬퍼할 필요도 없다. 누구나 자신이 가장 힘들고 아프다. 그걸 뭐라 할 필요도 없고 나도 남도 다 똑같은 것이다. 힘들었던 기억도 지나고 보면 웃음으로 추억되는 날이 온다. 언니 삶에서 터득해낸 살아있는 강의다. 몸으로 배우고 깨우친 삶의 지침이다.

 내 마음도 진동한다. 언니가 보내준 파동이 내 마음에 물결을 일으키고 내 마음의 물결이 퍼져 나가 강으로, 바다로 흘러간다. 나의 세상으로 더 넓은 세상으로 퍼져 간다.

"아이고. 어쨌거나 내가 지나간 거는 생각을 안 하고 살았는데. 이거는 생각하니깐 좋네?"

 나더러 지나간 일은 생각하지 말라고 하던 언니가 아이들 키우던 그때를 생각하니 좋다고 한다. 지금이 제일 좋을 때니 아이에게 실컷 해주란다. 하고 싶은 거 다 할 수 있게 해주란다. 그게 엄마의 가장 큰 기쁨이라고. 지금도 훗날에도 그것이 가장 큰 기쁨이라고.

오늘도 우리 아이 머리를 말려주며 마사지를 해준다. 그리고 꼭 안아준다.

"예쁜 내 새끼. 사랑해."

다시 못 올 지금 이 순간을 사랑한다. 두 번 다시 오지 않을 지금 이 시간을 사랑한다. 아이와의 소중한 이 시간을 마음껏 사랑한다. 후회하지 않도록. 이 순간이 영원하도록. 빨간목욕탕이 씩 웃는다.

천년 된 은행나무 아래에서 내 가진 고민이 한낱 티끌만도 못하게 느껴지던 경험을 한 적이 있다. 빨간목욕탕, 이 녀석은 자기가 오천 년 묵은 은행나무라도 되는 줄 아는가 보다. 인생 강의를 마친 언니도 인생 강의를 들은 나도 빨간목욕탕이 칭찬한다. 잘 살아왔다고. 잘 살아간다고. 잘 살아갈 것이라고.

시어머니 사랑은 며느리

"우리 엄마 몇 살 같아 보여요?"
"이러고 나가면 다 70대 초반으로 봐요. 누가 80 넘었다고 하겠어요. 그렇죠? 그치. 엄마?"

 이건 또 무슨 소린가. 분명 조금 전 며느리라는 말을 들었는데. 귀신이 홀린 것도 아니고. 드디어 정체성이 불분명한 세계에 도착하고 만다.

 일요일, 조금 늦게 왔더니 사람들이 무척이나 많다. 북새통을 이룬다는 말은 이럴 때 쓰는 것이다. 5시 반 언니는 모두

가고 없고 6시 반 언니들은 있다. 6시 반 언니들은 평소에도 여유롭게 빨간목욕탕을 사랑방으로 이용한다.

연하게 물처럼 탄 커피를 마시며 온탕에 발만 담근 채 족욕을 즐기며 이야기 나눈다. 발의 열기가 온몸으로 퍼져 상체에 땀방울이 송골송골 맺힐 때쯤 되면 몸을 가볍게 헹구고는 다음 사랑방인 보석사우나로 간다.

일요일 이 시간에 오니 또 다른 풍경들을 보여주는 빨간목욕탕이다. 혼자 온 할머니들도 많지만 짝을 이뤄 같이 온 분들이 더 많아 보인다. 친구인지, 이웃인지 모를 분들이 두세 분 같이 오기도 하고 딸인지, 며느리인지 모를 젊은 사람과 같이 온 할머니들도 꽤 있다.

젊은 사람과 함께 온 할머니들은 대게 몸이 불편해 보인다. 지난번 치매 할머니처럼. 한 할머니는 허리가 반으로 굽었다. 폴더폰처럼 반으로 굽어버려 허리가 펴지지 않는다. 보고 있는 내 허리가 굽는 것만 같다. 괜히 허리가 아파온다. 이렇게 가깝게, 그것도 껍데기인 옷을 다 벗은 채로 만나니 시선을 어디에 둬야 할지 모르겠다. 모두들 할머니를 안타까운 눈으로 쳐다본다. 나는 저렇게 안 돼서 다행이라고 생각할까. 저렇게 될까 두려운 걸까.

 얼마 전 보석사우나에서 만난 할머니가 생각난다. 땅만 보고 딸기밭에서 일하다 보니 어느샌가 등이 굽어버렸다고. 더 이상 굽어지지 않게 하려고 보석사우나에서 등을 바닥에 대고 스트레칭을 한다고. 할머니는 허리가 굽도록 밭일을 하신 걸까. 무슨 일을 그렇게나 하셨을까. 자식들 키워내느라 허리가 굽어가는 것도 모르셨던 게다.

 혼자 심각한 생각에 빠져있는데 옆에 언니가 내 배를 쳐다본다.

"배에 살이 없어서 안 그렇나. 니는 배에 그 살 뺄 생각하지 마라."

 갑자기 이야기가 왜 이렇게 되어버리나? 아무튼 잠시 정적이 감돌던 탈의실은 언니의 한마디에 웃음바다가 된다.

 허리가 굽은 할머니조차 내 배를 보며 웃는다. 어쩌겠는가.

내 배로 웃을 수 있다면 얼마든지 더 내밀 수 있다. 동그랗게 부풀려 아기 배처럼 '뽕' 튀어나오게 말이다. 몸집이 제법 큰 할머니가 몸을 닦고 있다. 얼굴을 먼저 닦은 것인지 얼굴에 크림이 묻어 있다. 가만 보니 그 옆에서 딸로 보이는 젊은 분이 크림을 듬뿍 찍어 얼굴에 발라주고 있다.

"나나라. 내가 하께."

할머니는 입으로는 놔두라고 하지만 얼굴은 가만히 내버려 둔 채다. 엄마 생각이 난다.

"젊은 니나 하지. 쭈글쭈글한 늙은 얼굴에 뭐 할라고 하노."

말은 이렇게 하면서 얼굴은 스팀타월을 갖다 댈 수 있도록 가만히 내민다. 주위 사람들이 다 쳐다보고 부러워할 수 있도록 큰 소리로 말하던 우리 엄마. 할머니도 그렇다. 결국은 앉아서 옷을 입고 있는 다른 할머니 입에서 부러움의 탄성이 나온다.

"해줄 때 해라. 100세 시대라 캐도 살아봐야 20년도 못 살

인생인데 해줄 때 가만히 얼굴 대놓고 있어라."

"그렇제? 80이 넘어가 이제 언제 가도 모를 인생인데. 딱 1년만 더 살다 가면 좋겠다. 더 바라지도 않는다."

"또. 또. 또. 1년이 뭐고, 1년이. 100살까지 살긴데. 그런 말 하지 말랬잖아."

 딸로 보이는 젊은 사람의 타박이 바로 이어진다. 영락없는 엄마와 딸이다.

 엄마가 몸이 불편해지면서 요양 병원에 모시게 되었다. 병원에서 엄마가 18번으로 하는 말이 "빨리 죽어야 될 긴데."다. 살고 싶은 마음을 반대로 말한다는 걸 알면서도 그 말을 들으면 너무 속상하다. 제 뜻대로 움직일 수 없는 당신의 몸이 싫으면서도 좀 더 살고 싶은 것을. 자식들에게 짐이 되나 걱정하는 마음에 그런다는 것을 뻔히 알면서도 "그런 말 좀 하지 마라."라며 타박이 먼저 튀어나온다.

 딸로 보이는 여자와 할머니. 그리고 주변 사람들의 이야기를 듣다 엄마 생각을 한다. 그사이 대화는 점점 무르익는다.

"지랄 안 하나. 10년도 더 살겠구만. 1년 같은 소리 하고 있네. 그면 내는 죽어야 되나?"
"건강하게 1년만 더 살아도 좋겠다는 거지. 남 신세 안 지고. 긍께, 그게 무슨 소리고? 니가 죽기는 뭐 할라꼬 죽노. 참나. 하하하."
"내가 니보다 나이가 많응께 죽으라는 소리지."
"아이다. 아이다. 우리 마 10년씩은 더 살자."

 대화가 어쩌다 이렇게 흘렀나. 고개 숙이고 머리를 말리다 두 분의 대화에 고개를 든다. 놀란 것은 당연. 그런데 두 분 표정이 연방 싱글벙글한다. 죽니, 사니 내용이 그리 살벌한데 어찌 표정은 이리 장난꾸러기처럼 마냥 웃고 있단 말인가. 사태를 수습하듯 딸이 나선다.

"엄마, 그만 해라. 머리나 말리러 가자."

 엄마를 모시고 헤어드라이기가 있는 거울 쪽으로 간다. 가만 보니 할머니 걸음이 뒤뚱거린다. 다리가 불편하신가 보다. 앉아서 옷을 갈아입던 할머니도 어느새 옷을 다 입었다. 할머니는 이제야 얼굴에 크림을 바른다. 옆에 있던 목욕을 하러 온 할머니가 옷을 벗으며 묻는다.

"딸인가 보네요? 참 살갑게 잘 하네. 요새는 딸 없으면 안 된다 카더만 엄마한테 우째 저래 잘하노."
"딸은 무신 딸. 며느리구만."

 나도, 그곳에 있는 다른 할머니들도 모두 순간 얼음이 되고 만다. '얼음땡' 놀이를 할 때처럼 모든 것이 순간 멈춘다. 숨 쉬는 것마저 멈추어 얼굴이 노래지려고 하기 일보 직전. 때마침 '땡'을 해주듯 할머니의 말이 이어진다.

"며느린데 딸보다 낫지. 매주 이래 목욕탕 같이 오고. 얼마나 잘 챙기는지. 옆에 보고 있으면 배 아프다. 배 아파."
"할머니는 말도 참 재밌게 하네. 잘하는데 뭐 한다고 배가 아프요?"
"부러븐께 배 아프지. 내는 자식들이 다 멀리 살아가 명절에나 겨우 얼굴 보고 사는데 저짜는 우째 된 게 하루가 멀다고 저리 찾아와가 밥 잘 묵는지, 잠은 잘 자는지 챙기제. 밥은 내보다 더 잘 묵는 할마시구만."

할머니의 거침없는 입담이 계속된다. 보아하니 딸인 줄 알았던 젊은 분은 할머니 며느리인데 딸보다도 더 잘 할머니를 챙긴다는 것이다. 30분 거리에 살면서 수시로 드나들며 할머니를 시기와 질투의 대상으로 만들어 버린다고 한다. 아니, 부러움의 대상이다. 머리를 말리려고 거울이 있는 쪽으로 간다. 부러움의 대상인 할머니가 너무도 곱게 머리 손질을 한 상태로 거울을 보고 있다.

"어머나, 할머니! 너무 예쁘게 머리하셨어요. 어떻게 한 거예요?"

할머니를 본 순간 바로 튀어나온 말이다. 예쁜 꽃을 보면 저절로 "예쁘다."라는 말이 튀어나오듯이. 웨이브가 없는 직모를 옆 가르마를 해서 차분하게 붙여놓았다. 붙임머리처럼 단정하게 머리카락이 붙어 있다. 머리숱이 많고 염색까지 한 상태니 머리 모양만 본다면 고등학생이다. 세일러문 교복을 입던 여고 시절의 단정한 머리를 한 고등학생.

"우리 엄마, 몇 살로 보여요?"

난데없는 질문에 어떻게 대답해야 할까 잠시 망설인다.

"아까 80은 넘으셨다고. 그 말만 아니었으면 70대로 보여요."
"그렇죠? 우리 엄마 이러고 나가면 70 조금 넘어 봐요. 어떨 때는 70도 안 되게 볼 때도 있고요. 그치 엄마?"

 영락없는 엄마와 딸이다. 엄마 머리 예쁘게 손질해서 자랑하고 싶어 하는 딸. 딸 머리 예쁘게 땋아서 자랑하던 그 옛날의 엄마처럼.

"너무 젊어 보이고 예뻐요. 머리 스타일을 어떻게 이렇게 할 수가 있어요? 머리숱도 저보다 많아요."

 진심이다. 80이 다 뭔가. 머리숱이 별로 없어 파마를 하지 않으면 휑한 두피가 보이는 내 머리와 비교해 보면 할머니 머리가 훨씬 더 세련되고 젊다. 역시 할머니는 부러움의 대상이다. 나에게조차.

"야가 이래 예쁘게 해주네. 뭐 한다고 이래 하노. 다 늙은 거를."

 할머니 입이 귀에 걸려있다는 건 말 안 해도 알 것이다. 다리가 불편하여 뒤뚱거려도 얼굴엔 웃음이 한가득이다. 할머니, 오래오래 건강하게 사세요. 지금 며느님과의 행복, 영원히 가져갈 그날까지. 마음속으로 살며시 빌어본다.

 엄마가 보고 싶다.

엄마는 짜장면이 좋다고 했다

어머니는 자장면이 싫다고 하셨어.
어머니는 자장면이 싫다고 하셨어.

가수 god의 〈어머님께〉 노래를 들을 때마다 엄마가 생각난다.

어머니는 짜장면이 좋다고 하셨어.
어머니는 짜장면이 좋다고 하셨어.

가사를 바꿔서 불러야 할 만큼 엄마는 짜장면을 좋아했다. 2~3주에 한 번 정도 목욕탕 가는 날은 우리 식구 중국집에 가는 날이다. 길 건너에 허름한 간판을 단 작은 중국집이 그날의 최종 목적지다. 중국집에 가면 엄마는 늘 짜장면만 시킨다. 그때의 나는 엄마가 짜장면을 무척 좋아하는 줄 알았다. 그래서 나도 오빠도 언니도 우리 가족 모두 짜장면만 먹었다. 엄마는 짜장면이 좋다고 했다.

주말의 빨간목욕탕은 아이 손님이 꽤 있다. 여러 명의 아이 손님을 맞이한 빨간목욕탕은 평소보다 더 활기가 넘친다. 그러다 아이의 울음 섞인 소리에 모두가 놀라고 만다.

"아프다. 엄마, 아프다."

이게 무슨 소린가. 신성한 빨간목욕탕에 아프다는 울부짖음이라니. 빨간목욕탕 안은 일제히 아이의 울음이 시작된 곳으로 시선을 모은다. 모두 레이저 빛을 쏘듯 눈에는 광채가 번득인다. 범인을 잡고야 말겠다는 불굴의 의지에 찬 눈빛을 소리가 나는 곳을 향해 보낸다.

"아프기는 뭐가 아프노. 때를 밀어야 될 거 아이가. 때가 이래 많이 나오는데."

엄마로 추정되는 사람이 딸로 보이는 아이 팔을 붙잡고 있다. 엄마는 긴 생머리를 뒤로 묶고 한 손에 때수건을 낀 채 나머지 한 손으로 아이 팔을 잡고 있다. 아이는 이제 2학년 정도 되었을까. 때를 밀었던 자국인지 잡힌 팔이 잡히지 않은 팔보다 빨갛다. 때수건 지나간 길이 활주로처럼 선명하다. 제법 빨간 것이 아파 보인다.

"아이고. 아가 아프다 카는데. 그만하면 됐다. 살가죽 벗거지겠다."

 아이의 할머니로 예상되는 분이 옆에서 말린다. 엄마는 그제야 아이 팔을 보더니 때수건을 내려놓는다. 아니, 그만하는 것인 줄 알았더니 그게 아닌가 보다. 엄마는 때수건을 물에다 씻더니 다시 손에 낀다.

"살살 할게. 이쪽 팔 대봐라. 목욕탕을 오랜만에 와서 그렇나. 때가 와 이래 많노. 살살 할게. 대봐라."

 요즘도 이렇게 때를 미는 젊은 엄마가 있구나! 빨간목욕탕 언니들도 나이가 좀 있는 언니들은 때수건으로 밀어도 젊은 언니들은 대부분 샤워만 한다. 거의 날마다 목욕탕에 오니 당연하다. 그래도 한 번씩은 때를 빡빡 밀어줘야 개운하다고 한다. 자동 등밀이 기계가 인기 있는 이유가 이것이다.

 샤워만 하고 산 지 오래되어서인지 때 밀어주는 엄마가 신기하다. 아무리 그래도 요즘 세상에 아이 팔이 빨갛게 되도록 때를 미는 엄마가 있구나. 혼자 생각하다 문득 이상한 느낌이 온몸을 감싼다. 뜨거운 것도 같고 차가운 것도 같은 온도를 알 수 없는 무엇인가가 온몸을 감싼다. 뜨거운 건지 차가운 건지도 알아채지 못한 채로 그대로 빨려 들어간다. 하수구로 땟물이 빠져들어 가듯이 나 또한 어딘가로 빨려 들어간다. 빨간목욕탕이 얼음이 된 것처럼 정지한 채 나만이 블랙홀에 빠져버린다.

 여기가 어딘가. 그 옛날 그 시간, 그 장소이다. 내가 초등학교 1학년이던 그 옛날 온 가족이 목욕탕에 가던 골목길. 바로 그곳. 동네에 새로 생긴 목욕탕 '동화탕'으로 가는 바로 그 골목이다.

"엄마, 엄마. 오늘도 목욕 다 하면 짜장면 묵을 끼제?"

초등학교 1학년 필이는 오늘도 쫑알거리며 좁은 골목을 신나는 공간으로 만든다. 나란히 옆에서 걷던 언니가 타박하듯 말한다.

"니는 목욕탕을 가는 기가. 짜장면 묵으러 가는 기가?"
"히히히. 목욕탕도 가고 짜장면 묵으러도 가는 기지. 맞제. 오빠야?"

다른 쪽 옆에서 걷던 오빠에게 편이 되어줄 것을 바라듯 간절한 눈빛을 보낸다. 오빠라면 짜장면을 나보다 더 좋아하니 당연히 내 편이 되어줄 것이다.

"맞기는 뭐가 맞노. 목욕탕 가면 맨날 울면서. 오늘은 울지 마라."

내 편인 줄 알았던 오빠의 배신으로 억울함이 극에 달한다. 목소리가 커지며 금방이라도 울 것 같은 표정이 된다.

"내가 언제 울었다고 그라노? 내 안 운다. 봤나? 남탕에서 우째 아는데?"

"내 다 안다. 우나, 안 우나 보자. 내기 할래? 내기? 짜장면 반 주기 내기."

"안 한다. 내가 그런 내기 뭐 할라고 하노. 안 한다. 내기 같은 거. 그런 거 하면 나쁜 사람이다. 맞제. 언니야?"

내 편이 맞다는 걸 꼭 증명해야 할 것처럼 간절한 눈빛을 언니에게 보낸다. 울기 일보 직전의 표정이다. 골목이 긴장한다.

"맞다. 맞다. 우리 필이 말이 맞다. 내기하면 나쁜 사람이다. 나쁜 사람. 그란데 막내야. 오늘은 울지 마래이."

이건 내 편인 건가. 아닌 건가. 울어야 하는 건가. 말아야 하는 건가. 순간 헷갈린다. 골목은 심술궂게 웃고만 있다.

"내가 언제 울었다고 그라노. 언니까지 그랄끼가? 엄마, 엄마. 언니야랑 오빠야랑 안 있나."

언니, 오빠가 아무리 막내를 놀려도 나에게는 엄마가 있다. 언제나 든든한 내 편인 엄마. 엄마에게 쪼로미 달려가서 언니와 오빠의 만행을 일러바친다. 아니, 일러바치려고 했다.

"시끄럽다 마. 얼른 가자."

엄마의 한마디로 골목길의 소란스러움은 잠잠해진다. 골목길만 웃음을 참지 못하고 킥킥거리며 웃고 있다.

여탕은 1층. 남탕은 2층. 제법 크게 새로 생긴 목욕탕이라 목욕탕 오는 게 더욱 신난다. 냉탕도 꽤 커서 수영하고 놀기에 딱이다. 수영장은 구경하기 쉽지 않던 시절, 목욕탕에 간다는 것은 수영장으로 놀러 가는 것과 같다. 그러니 목욕탕 가는 날은 집안 잔치다. 소풍이다. 나들이다. 온 가족이 함께하는 신나는 놀이다. 얼마나 신나는지 소풍 가는 날 아침 일찍 눈이 떠지듯 목욕탕 가는 날은 아침 일찍부터 일어나 집안을 떠들썩하게 만든다.

냉탕에서 놀기 위해서는 그 전에 꼭 거쳐야 하는 관문이 있다. 바로 때를 다 밀어야 하는 것. 엄마의 다 됐다는 허락을 받기 전까지는 냉탕에 갈 수 없다. 때가 굳어서 밀리지 않는다는 정설 때문이다. 목욕탕을 자주 다니지 못하던 시절, 집에서 샤워는 꿈도 못 꾸던 시절이라 2~3주에 한 번 정도 오는 목욕탕은 세속의 껍질을 벗겨내고 새살로 탈바꿈해야 하는 신성한 장소가 된다. 아프다는 울음이 터지고서야 끝이 나는. 때수건이 지나가는 자리마다 벌겋게 새로운 도로가 포장된다. 한여름 태양을 잔뜩 받아 온몸에서 김이 모락모락 피어오르는 고속도로와도 같은 새로운 도로가 온몸에 만들어진다.

"엄마, 아프다. 인제 그만해라. 아프다."

결국 울음을 터트린다. 엄마는 아쉬움을 남긴 채 때수건을 내려놓는다. 그제야 냉탕에서의 자유를 누리며 목욕탕에 온 다른 친구들과 신나게 논다. 찬물 튄다며 냉탕 주변 아주머니들에게 혼이 나면서도 그조차도 재밌다며 킥킥거리며 논다. 아프다며 울었던 건 새빨간 거짓말이었던 것처럼.

사실 피부가 연해 때수건이 한 번만 지나가도 벌겋게 된다는 걸 안다. 온몸이 벌겋게 변하는 걸 보는 것만으로 아픔이 전해져온다. 아니면 냉탕에서 빨리 놀고 싶은 내 무의식이 저절로 울음을 터트린 것인지도 모른다. 조금이라도 더 놀고 싶은 마음이 빨리 울음을 터트리라고 지시했는지도.

 목욕탕 앞에 오빠들이 기다린다. 여탕에 간 우리는 엄마, 언니, 나까지 세 명이나 되고 오빠들은 두 명이니 아무래도 우리가 시간이 더 많이 걸린다. 무엇보다 엄마의 레이더망에서 벗어난 오빠들은 아마도 때도 안 밀고 신나게 놀다가만 왔을지도 모른다. 의심의 눈초리로 바라보지만 답을 알 수는 없다. 내가 남탕에 가볼 수도 없고. 한 번 째려보는 것으로 마무리한 채 금세 신나서 들뜬다. 길 건너 짜장면집이 우리를 기다리고 있다.

 묵은 때 다 벗겨내고 새살을 입고 먹는 짜장면은 더 맛있다. 온 가족이 나들이와서 실컷 놀고 맛있는 것 먹으러 온 것처럼 들뜨고 신난다. 목욕탕 가는 진짜 이유가 짜장면을 먹기 위해서라도 되는 듯 최고조에 달하는 기쁨이 우리를 행복하게 한다.

 엄마는 짜장면이 좋다고 한다. 오빠도 언니도 나도 짜장면이 좋다. 우리 식구 최고의 외식 메뉴인 짜장면이 좋다. 짜장면에는 그리움의 맛이 난다. 단칸방에서 복닥복닥 살아도 재미있던. 티격태격 만날 싸워도 행복한 웃음이 끊이지 않던. 비가 오면 마당에 있는 평상에서 미끄럼 놀이하고 해가 뜨면 흙먼지 날리도록 뛰며 놀던. 그 옛날 추억의 맛이 난다.

시대 흐름에 맞추듯 집이 있던 마을마저 사라지고 그곳에 높은 아파트가 들어선다. 높아진 아파트만큼 그림자도 길어져 내가 살았었던 기억마저 가져간다. 하지만 그 시절 그 추억을 가져갈 수는 없다. 골목길 누비며 놀던 그 시절, 식구 다 같이 목욕탕 나들이 가던 그 시절 그 추억은 가져갈 수 없다. 우리에겐 짜장면이 있으니깐. 엄마가 좋아한 짜장면. 언니도, 오빠도, 나도 좋아한 우리 식구 최고의 외식 메뉴 짜장면. 그 시절 최고의 사치였던 짜장면이 지금도 좋다.

엄마는 짜장면이 좋다고 했다. 다른 건 별로 맛이 없단다. 짜장면이 제일로 맛이 있단다. 엄마의 말은 진리처럼 우리에게 다가왔고 우리도 짜장면이 제일로 좋았다. 그 흔한 군만두 한 번 시키지 않는다. 언니나 오빠 졸업식 정도는 돼야 군만두를 먹을 수 있다. 식구 모두 목욕탕에 가고 짜장면까지 먹을 수 있는 것은 그 시절 최고의 기쁨이자 사치라는 것을 안다. 그렇기에 기쁘게 짜장면을 먹는다. 짜장면에서 행복의 맛이 난다.

"엄마, 엄마. 마트 갈 거제? 목욕 다 하고 마트 간다고 했잖아."

 민방위 훈련을 마쳤다는 것을 알리는 사이렌이 울린다. 멈추었던 차들이 일제히 움직이듯 빨간목욕탕이 다시 살아난다.

 아이 손님은 목욕을 마치고 나면 마트에 가기로 했나 보다.

 어머니는 짜장면이 좋다고 하셨어.
 어머니는 짜장면이 좋다고 하셨어.

 god 노래를 부른다.
 엄마와 큰오빠, 작은오빠, 언니, 그리고 나. 우리 다섯 식구 모두 모여 짜장면을 먹는다. 얼굴에는 시커먼 짜장 소스를 묻혀가면서. 목욕탕 다녀온 건 젖은 머리만이 증명한 채로.

빨간목욕탕에서 배우다

'제발 앉아라. 제발. 아니 왜 안 앉는 거야. 왜.'

 후텁지근하게 떠나지도 않고 몸에 달라붙어 잠을 설치게 만들던 더운 열기가 아침, 저녁 찬바람으로 바뀌기 시작할 때쯤, 빨간목욕탕은 낯선 이들의 등장을 맞이한다.

 누가 그랬던가. 나이가 들면 누가 누군지 모르게 서로가 서로를 닮아간다고. 동성 간의 닮아감도 모자라 이성 간에도 닮아간다고 한다. 심한 경우 할머니와 할아버지의 구분이 없어진다고 하는데 거기까지는 경험해보지 않아 모르겠다. 하지만 할머니들이 서로 닮아간다는 건 알겠다. 설마 하고 있었는데 정말이다. 옷을 입고 있어도 서로 닮아 누가 누군지 구분이 쉽지 않다는데 이곳 빨간목욕탕은 자신을 특징지어 줄 껍데기 한 올 입고 있지 않다. 그러니 누가 누구인지 정확히 안다는 게 쉽지 않다. 그저 낯이 익어감에 따라 반가움이 더해갈 뿐이다.

 처음엔 늘 만나던 언니들과만 만나니 신기했다. 이른 아침 이 시간은 날마다 오는 달목욕 회원들 전용인가 생각될 정도다. 그러다 어느 정도 지났을까. 처음 보는 얼굴이 등장하기 시작한다. 처음엔 이 또한 이상했다. 우리만의 시간과 공간을 침범당한 듯, '아니 이 시간에 왜 왔소?' 하듯 두 눈 크게 뜨고 쳐다본다. 달목욕 언니들은 아무런 변화가 없다. 오면 오는가. 가면 가는가. 마치 여기가 무릉도원인 듯 그저 따뜻한 탕에 몸을 담그고 이 시간을 누릴 뿐이다.

 새로운 이들이 등장하며 앉을 자리가 부족해진다. 조금만 늦게 와도 앉을 자리가 없다. 다행히 5시 조금 넘어 도착했는데 아직은 앉을 자리가 있다. 조금 구석이긴 해도 자동 등밀이 기계 있는 쪽이 아닌 세신사 언니 가까운 곳에 자리를 잡는다. 아직은 앉는 자리에 여유가 있다.

어느 정도 생긴 루틴대로 온탕과 냉탕을 오가며 운동에 열심을 다 한다. 마지막은 온탕에서 몸을 따뜻하게 하며 모든 근육을 이완시킨다. 마음도 풀어진다. 그렇게 잠깐 눈을 감았다가 떴을 뿐인데 빨간목욕탕이 사람들로 가득하다. 언제 이렇게나 많이 왔을까 놀라는 것도 잠시 머리가 하얀 할머니 한 분이 등장한다. 걸음이 아직 꼿꼿하고 빠르다. 얼굴에 그렇게 많은 주름이 있지도 않다. 짧은 단발 형태의 머리는 할머니를 할머니라 부르기 민망할 정도로 젊어 보이는 효과를 발휘한다. 머리가 하얗다는 것 빼고는 전혀 할머니 같지 않다.

 젊은 할머니는 신나게 등장하더니 이내 자리를 찾지 못하고 헤매고 만다. 자동 등밀이 기계가 있는 쪽으로 가다가 다시 돌아오고 입구 쪽으로 다시 가다가 돌아서고 세신사 언니가 있는 공간을 힐끔 쳐다보고는 다시 돌아보고 몇 번을 그러면서 서 있다. 보통은 앉는 자리가 없으면 온탕이나 미지근한 탕 주변에 자리를 잡고 앉는다. 탕 주변에는 오르내릴 수 있도록 계단처럼 한 단이 있는데 그곳에 앉아서 목욕을 할 수 있다. 대게는 그곳에 앉아서 목욕하다 빈자리가 나면 옮긴다. 젊은 할머니도 그럴 것이라 생각한다. 그런데 아니다. 젊은 할머니의 방황은 제법 오래간다.

 들어올 때의 신나 하던 표정이 당황스러움으로 바뀌더니 이내 울 것 같은 표정이 된다. 분명 들어올 때 신나 보였다. 발걸음도 가볍게 제법 빠른 걸음으로 들어왔다. 흰머리만 아니면 아무도 할머니라는 사실을 모를 정도로 까치가 총총거리듯 가볍게. 그러나 자리가 없다는 걸 확인한 순간부터 얼굴엔 '나 당황했어요.'라고 적힌다. 표정이 굳어지면서 어찌해야 할 바를 모르는 듯 여기저기 기웃거린다.

 내 눈에 그렇게 보이는 것인지, 젊은 할머니는 당황하던 표정을 지나 이내 울 것 같은 표정이다. 이제는 내가 당황한다. 온탕에 언니들을 본다. 아무렇지도 않다. 심지어 서 있는 젊은 할머니를 쳐다보지도 않는다. 빨간목욕탕 안을 둘러본다. 다른 사람들도 계속 서 있는 젊은 할머니를 한 번 힐끗 보고는 아무렇지도 않은 듯 제각각 자기 몸 때 밀기에 돌입한다. 아무렇지도 않다. 나만 당황한다.

"온탕 주변에 앉으시면 돼요."

가서 말해주고 올까? 아니다. 곧 앉겠지, 뭐. 나랑 무슨 상관인가. 괜히 고개를 다른 곳으로 돌린다. 그러다 다시 젊은 할머니를 바라보고 있는 나를 발견한다. 할머니는 도대체 왜 앉지도 않고 계속 서 있는 건가. 울 것 같은 표정은 또 뭔가. 마음이 불편하다. 아니다. 나랑 무슨 상관인가. 아예 앉지 못하는 것도 아니고 온탕 주변에 앉아 있다가 자리가 나면 옮기면 되는데 다들 그렇게 하는데 계속 서 있는 젊은 할머니가 이상한 거다. 모른 척한다. 모른 척하고 싶다. 모른 척할 거다.

"할머니, 저기 앉으세요."

내가 앉은 자리를 가리킨다. 얼른 자리로 가서 꺼내놓은 목욕 짐을 바구니에 다 몰아넣는다. 대충. 빠르게.

"목욕 다 했는가베?"
"아, 네. 다 했어요. 여기 앉으세요."

목욕 바구니를 서서 샤워하는 곳에 두고 다시 온탕으로 들어온다. 이제야 가볍다. 진작 이렇게 할 걸 그랬다. 혼자 잘

했다고 스스로를 칭찬하며 행복해하고 있다.

 마음이 불편했던 건 뭘까. 지하철 의자에 앉아 있는데 앞에 젊은 할머니가 서 있는 것처럼 마음이 편치 않다. 심지어 경로석에 내가 앉아 있는 것만 같다. 그래 바로 그것이다. 다리가 불편해도 서서 샤워하는 데 아무 문제가 없다. 사실 빨간목욕탕에 다니기 전에는 집에서 샤워할 때도 의자에 앉아서 했다. 스스로 다리가 아파서 안 된다며 서서 샤워하기를 거부했다. 지금은 아니다. 이쯤은 아무 문제가 없다. 그러니 얼마든지 자리를 양보한다. 그래야 한다. 그러고 나니 마음에 기쁨이 더 큰 것을. 주고 나면 몇 배 더 큰 행복을 얻는다고 하더니 그 짝이다.

 그 후로 어떻게 됐는지 궁금한가. 생각한 그대로다. 이젠 자리가 없어 기웃거리는 할머니가 있으면 바로 일어난다. 서서 하면 된다며 바로 짐을 싸서 옮긴다. 언젠가 또 자리를 양보하고 짐을 옮겨 놓고 기분 좋게 다시 탕에 들어왔더니 나를 잘 챙겨주는 경숙이 언니가 뭐라 한다.

"그렇게 안 해도 된다. 누가 목욕탕에서 자리를 양보하노.

여 주변에 앉아서 하라고 이래 안 만들어놨나. 뭐 할라고 그라노."

"이렇게 해야 제 마음이 편하더라구요."

"별게 다 마음이 편하네. 참나."

  이젠 아무 말 없다. 자리를 양보하는 것을 보면 나를 향해 씩 웃는다. 막내 잘했다며 기특하다며 칭찬하는 것 같은 건 또 나의 착각이겠지. 언니의 웃음이 내 눈엔 그렇게 보인다.

  특별히 내가 착하거나 양보심이 많거나 한 건 아니다. 다리 아플 때 지하철에 앉아 있으면 앞에 할머니, 할아버지가 가까이 올까 겁난다. 가까이 온다 싶으면 자는 척해야 하나 모른 척해야 하나 마음에 갈등도 많다. 심지어 나도 다리가 아프다며 정당성을 내세우며 합리화하기도 한다. 다른 사람에 대한 배려는 빨간목욕탕이 내게 가르쳐준 것이다. 책에서나 배웠을 배려를 이곳에서 실제 눈으로 보고 배운다.

  이곳은 공간이 작다. 자동 등밀이 기계 가까이에 있는 자리는 특히 양쪽으로 앉게 되어 있어 통로가 좁다. 양쪽에서 다리를 씻는다고 뻗어서 앉으면 서로의 등이 맞대어질 정도

다. 그래도 한 번도 서로의 등이 맞닿는 걸 본 적이 없다. 약간 옆으로 앉거나 서로가 시간 차를 두고 다리를 뻗기 때문이다. 그렇게 서로 맞춰서 하는 것인지 저절로 그렇게 되는 것인지 볼 때마다 신기하다.

 당연하게도 이곳에서 샤워할 때는 특히 뒤쪽으로 물이 튀지 않게 조심해야 한다. 당연한 이것을 모르고 처음 이곳에 앉았을 때 여느 때처럼 샤워하다 뒤쪽으로 물이 다 튀어 혼난 적이 있다. 아무 생각 없이 나 씻는 것만 생각한 것이다. 이제는 이 자리가 아니더라도 뒤쪽으로 물이 튀지 않도록 조심한다. 샤워기 방향을 뒤쪽으로 하지 않으면 된다. 등을 씻을 때는 뒤쪽으로 샤워기를 갖다 대서 씻는다. 머리를 헹굴 때도 위쪽에서 아래로 샤워기 방향을 튼다. 얼굴을 씻을 때 특히 조심해야 한다. 얼굴에 샤워기 방향을 맞추면 십중팔구 뒤쪽으로 반 이상의 물이 다 튄다. 그렇기에 얼굴을 씻을 때도 당연히 위쪽에서 아래로 흐르도록 샤워기 방향을 세워서 씻는다. 앞쪽을 씻을 때도 마찬가지다. 이 작은 변화가 남을 위한 배려의 시작임을 빨간목욕탕을 통해 배운다.

 천연 마사지 곡물 크림을 하고 난 언니들은 마지막에 주변을 씻는다. 큰 세숫대야에다 미지근한 탕 물을 한가득 떠서 '촥'하고 뿌린다. 그 물살에 마사지한 흔적이 하수구를 향해 도망간다. 흔적이 말끔해질 때까지 몇 번을 반복한다. 나도 거품 칠을 하고 나면 주변을 씻는다. 지나가는 사람이 밟을까 거품 칠을 하자마자 몸을 헹궈가며 주변을 같이 씻어 내린다. 습관처럼 자동으로 그렇게 된다. 내 몸보다 주변이 미끄럽지 않도록 하는 것이 우선이 된다.

비누칠할 땐 옆에 사람에게 거품이 튀지 않도록 조심한다. 옆에 사람이 목욕을 다 해가고 있는 상황이면 아예 거품 칠을 기다렸다 하기도 한다. 예상하듯 이곳은 옆 사람과의 거리도 좁다. 가까운 이웃도 이렇게나 가까운 이웃이 없다. 그렇기에 옆 사람에 대한 배려가 자연스럽게 몸에 배게 된다.

하수구에 모여 있는 머리카락 뭉치를 손으로 치우는 언니도 있다. 나는 차마 그건 못 하겠다. 맨손으로 머리카락 뭉치를. 그것도 주인이 누구인지 찾을 수도 없는 떠돌이 머리카락 뭉치. 물길 따라오며 온갖 먼지와 때를 다 묻히고 온 그들을 차마 맨손으로 치울 수는 없다. 장갑을 껴도 치울 수 있을지 모르겠다. 이것을 맨손으로 치우는 언니를 경이롭게 바라본다. 대신 비교할 순 없지만 나는 탈의실 물기는 닦는다. 마른 수건 같은 게 붙어 있는 밀대로 물기가 있는 곳을 닦는다. 할머니들이 많이 이용하는 곳이니 물기가 있으면 위험하다. 그래서 물기가 있다 싶으면 밀대로 닦는 건 자주 한다. 이것도 언니들이 하는 걸 보고 따라 하기 시작한 것이다.

 오늘도 빨간목욕탕은 옆을 보라고 말한다. 내 옆에 누가 있는지, 누구와 함께하는지. 그것을 보고 살라고 한다. 나는 혼자서 살아가는 존재가 아니다. 할머니, 언니들이 세상을 살아오면서 자연스럽게 주변을 둘러보며 함께 살아감을 익혀왔듯이 나 또한 그렇게 살라고 한다. 작은 변화. 남과 함께 살아가는 이 작은 변화가 더 큰 기쁨으로 내게 돌아온다고. 더 큰 행복을 선물한다고. 빨간목욕탕이 가르쳐준다.

살 빼야 한다 그래야 산다

 몸을 가꾼다는 건 '다른 세계' 사람들이 하는 것인 줄 알았다. 돈 많고 시간 많은 그런 사람들이나 하는. 그러나 빨간목욕탕에 온 첫날, 이 생각은 무참히 박살 나버린다.

 월요일과 목요일에만 만나는 언니가 있다. 일주일 중 월요일과 목욕일 단 이틀만 빨간목욕탕에 오는 것이다. 그 가운데 인사 나누며 아는 얼굴은 두 명이다. 두 명 중 한 언니와 친해진 날이다. 동병상련의 아픔이랄까. 우린 그렇게 친해진다.

여전히 온탕에서 다리를 풀며 느긋하게 온기를 즐기고 있을 때이다. 어디선가 '협심증'이라는 말이 들려온다. 감았던 눈을 번쩍 뜨며 누가 한 말인지 둘러본다. 언니 한 명이 미지근한 탕과 가까운 쪽에 앉아 미지근한 탕 안에 있는 다른 언니와 경계를 사이에 두고 이야기하고 있다.

짧은 단발에 하얀 머리이다. 머리숱이 많아 보이지는 않는다. 나처럼 착 가라앉는 머리인 건지 물기에 젖어서인지 하얀 머리카락이 작은 얼굴을 다 덮을 듯이 감싸고 있다. 요즘은 대부분 염색을 하기에 하얀 머리를 보는 것이 조금은 낯설다. 나이가 많아 보이지 않아 더 그런 마음이다.

하긴, 빨간목욕탕에 다니며 언니들의 나이를 제대로 맞춰 본 적이 없다. 생각보다 나이가 많아 나이를 알게 될 때마다 깜짝깜짝 놀란다.

이 언니의 나이도 가늠할 수가 없다. 흰머리만 아니라면 60대 초반 정도 되어 보인다. 얼굴이 밝고 활기가 넘친다. 주름을 하나하나 헤아려보지는 않았지만, 주름이 별로 없다. 솔직히 말하자면 나보다 피부가 탱탱하고 윤기가 흐른다.

얼굴만 본다면 나보다 어리다고 해도 믿을 수 있을 정도다.

빨간목욕탕에는 자신을 가꾸는 언니들이 많다. 자신의 몸을 소중한 보물 다루듯 정성껏 마사지한다. 실제로 등을 마사지해주면서 느낀 바다. 피부가 보들보들 탱글탱글. 내 등을 마사지해준 복희 언니가 하는 말.

"젊은 사람이 등이 와 이렇노. 까끌까끌 해가 피부가 와 이 모양이고?"

몸을 가꾼다는 건 '다른 세계' 사람들이나 하는 것인 줄 알았다. 돈 많고 시간 많은 그런 사람들, 한마디로 놀고먹는, 흔한 표현으로 팔자가 좋은, 나와는 거리가 아주아주 먼 세계의 사람들이나 하는 그런 것인 줄 알았다. 빨간목욕탕은 이런 나의 생각이 어리석다며 비웃더니 머릿속에 있는 생각을 모조리 꺼내다 무참히 박살 내버린다.

일하러 가기 전에 목욕탕에 온다. 몸에 좋은 곡물을 갈아다 두유나 우유, 혹은 꿀을 버무려 온몸에 바른다. 얼굴을 제일 먼저 두껍게 발라놓고 다음 순서로 몸을 바른다. 서로의 등을 발라주고 마무리로 또 전체를 마사지한다. 헹구는 순서는 반대다. 얼굴을 제일 마지막에 헹군다.

 하우스에 딸기 농사하는 언니, 감 농사하는 언니, 농사라고 생각하면 떠오르는 쌀농사부터 여러 채소도 키우는 언니, 소나 돼지를 키우는 언니, 장사하는 언니, 요양보호사나 버스터미널에서 일하는 언니, 문화전수자로 방송에도 출연하는 건물주 언니.

 정말 다양한 언니들이 자신의 몸을 소중하게 가꾸며 아침을 시작한다. 이 언니도 이 가운데 한 명이다. 시간이 남아돌아서, 돈이 많아서 자신의 몸을 가꾸며 산다는 생각이 얼마나 잘못된 것인가를 빨간목욕탕에 온 첫날 알게 된다.

 조금 있으니 미지근한 탕에 있는 언니가 나간다. 혼자 있는 언니에게 다가가며 묻는다.

"협심증이에요? 아까 협심증이라고 들어가지고요."
"어, 내가 협심증이다."
"네? 저도 협심증이에요."

그렇다. 협심증이다.

마흔이 되던 해였다. 새벽이면 가슴이 조여오며 숨이 쉬어지지가 않는다. 가슴을 틀어잡고 헉헉거리며 숨을 몰아쉰다. 한차례 폭풍우처럼 고통이 지나고 나면 온몸은 식은땀으로 젖어 있다.

갑자기 찾아온 고통에 밤에 잠드는 것이 두렵기 시작한다. 증세를 알게 된 지인의 소개로 찾게 된 대학병원! 허벅지로 무언가를 삽입해서 검사를 한다. 생각만으로도 끔찍한 고통이 온몸을 통과하며 찔러댄다. 검사 결과 협심증이란다. 미세혈관이 막히는 것이라 그나마 약으로 치료를 한단다. 완치는 없단다. 평생 약을 먹어야 하는 병이란다.

나이 40에 평생 약을 먹어야 하는 병이라니!
하늘이 무너진다는 식상한 표현마저 가슴에 와닿았다. 그렇다. 하늘이 무너져 내린다. 분명 환한 대낮이건만 내가 있는 곳만 까만 밤이 된다. 그대로 밤하늘이 내게로 내려와 나를 눌러버린다. 나는 호떡이 된 채 설탕 꿀이 터지지 않게 조심한다. 또 숨이 막혀온다. 가슴을 친다. 숨이 막혀오는 고통에 또다시 신음한다. 입술을 아무리 꽝 다물어도, 피가 나도록 꽉 깨물어도 끙끙거리는 소리를 막을 수 없다. 엄마 배 속으로 들어간 태아마냥 온몸을 동그랗게 오므린 채 고통이 사라지기만을 기다린다. 그렇게 기다린다. 기다리는 것 외에 할 수 있는 게 없다.

 죽을 때까지 함께해야 한다는 불청객과의 동거가 시작된다. 반갑지 않다.

 대도시에 있는 대학병원으로 2개월에 한 번씩 약을 타러 간다. 그러다 3개월이 되고 4개월이 될 때쯤 집과 가까운 소도시에 있는 대학병원을 소개받아 옮긴다. 지금까지 10년을 넘게 다니고 있는, 이젠 집처럼 편안한 병원이다. 아니다. 아무리 오래 다녀도 병원이 집처럼 되지는 않는다. 병원 다녀온 날은 우울이란 못된 녀석이 또다시 들러붙어 나를 괴롭힌다. 병원이 집처럼 편안하다는 말은 먼 나라 이야기다.

"내가 그 교수님한테 안 가나?"

 알고 보니 우린 주치의가 같다. 한참을 교수님 이야기로 웃는다. 갈 때마다 어떻게 지냈는지 묻는다든지, 곱상하게 생겨서 친절하다든지, 진찰을 잘해서 환자가 너무 많다든지. 서로 좋다며 자랑하고 맞장구친다.

"처음에는 서울에 삼성병원에 다녔지. 집도 거기고."
"그럼 귀농 그런 거 하신 거예요?"
"어어어. 서울에서 다녀가 약도 줄이고 더 이상 안 나빠지게 관리만 하면 된다고 해가 내려왔지. 이제 8년 됐나?"

고개를 좌우로 가볍게 흔든다. 머리카락 끝에 매달린 물방울이 떨어지며 본향을 찾아가듯 탕 안으로 떨어진다.

"그럼 서울분이세요?"
"고향은 여기다. 서울서 공부하고 결혼하고 아이들 다 키워놓고 이래 병들어가 내려온 거지. 그래도 이젠 마이 낫다. 약도 많이 안 먹는다. 처음엔 약이 일곱 알이었는데 이젠 두 알 먹는다. 두 알!"
"네? 아니 어떻게 그렇게 돼요? 그럼 그 응급약으로 혀 밑에 넣는 그 약은요? 그 약은 드시죠? 그래도 갑자기 숨 막히고 하면 먹어야 되잖아요."

그렇다. 날마다 먹어야 하는 약이 네 알! 갑자기 숨이 막힐 때 혀 밑에 넣어야 하는 응급약이 한 알! 그러고보니 나도 한 알이 줄었다. 처음엔 날마다 먹는 약이 다섯 알이었다.

"어어어. 이제 그 약도 안 먹는다. 안 먹어도 돼서 내려왔지."
"네? 응급약을 안 먹는다고요?"

 이제 그런 약 따위는 입에도 대기도 싫다는 듯 손사래를 치며 이야기한다. 나에게 혀 밑에 넣는 응급약은 어디를 가든 가지고 다녀야 하는 필수품 아니, 생명품이다. 갑자기 숨이 막힐 때 빠른 조치로 먹어야 하는 약이기 때문이다. 조치가 늦어지면 혈관이 막히면서 죽을 수도 있는, 생각만으로도 몸이 떨려오는 무서운 사태가 벌어진다. 온몸에 있는 솜털까지 다 쭈뼛 설 정도로 소름이 돋는다. 이 약을 먹지 않는다니 '협심증'이 아닌 다른 병을 잘못 알고 계신 게 아닌가 의심이 발바닥을 간질간질하며 올라온다.

"기적이다 안 하나. 내는 여기 가운데 큰 핏줄 있제? 거기가 막혔다이가."
"네? 저처럼 미세혈관도 아니고 큰 혈관이 막혔다구요?"

갈수록 믿을 수 없는 이야기가 커져만 간다. 분명하다. 다른 병인 게 틀림없다!

"여, 큰 혈관 있제? 거기가 50프로 정도 막혔다대? 70프로 막히면 수술을 해야 되는데 병 생기고 지금까지 50프로로 있다. 더 커지지도 않고. 작아지지도 않고. 딱 고만하게 그대로 있다. 그래 내가 수술 안 할라고 이렇게 열심히 운동하고 관리한다아이가."

심장으로 가는 혈관을 찾기라도 하듯 손을 가슴 위에 올리며 작은 동그라미를 그린다. 협심증이 맞다. 혈관이 심하게 막히면 스텐트를 넣어 혈관을 확장시키는 시술을 해야 한다. 협심증이 맞다. 그것도 나보다 더 심각한 상태다. 그런데 어째서 나보다 약을 적게 먹는 것일까? 응급약을 먹지도, 이젠 가지고 다니지도 않는다니. 믿을 수가 없다. 평생 네 개의 알약을 잠자기 전에 먹고 평생 어디를 가든 응급약을 가지고 다녀야 할 줄 알았다. 그게 아닐 수 있다니! 약이 줄어들 수도 있고 응급약은 안 먹을 수도 있다니! 비법을 알아야겠다.

"비법이 뭐 있나? 운동하고 밥 조절해서 먹고. 내 몸 내가 소중하게 생각하고 잘 챙기면 되는 거지."

 그렇다. 한 번에 전수받으면 그게 어디 비법이겠는가? 언니의 일상을 묻는다.

"운동은 뭐 하시는 거예요? 저는 지금 이렇게 목욕탕 오는 게 운동이에요."

 나로서는 최선이지만 목욕탕을 운동으로 온다고 말하고 나니 좀 이상한 것만 같다. 운동 맞나? 스스로를 믿지 못하는 것이다. 제대로 하고 있는 것인가에 대해.

"좋지! 그러니 나도 이래 목욕 다니지. 그래도 날마다는 못 온다. 힘들어가. 내 몸에는 월요일, 목요일. 딱 이래 두 번 오는 게 맞더라. 더 하면 힘들다. 내 몸 내가 잘 안다."

 역시 자신의 몸을 잘 살펴서 몸 상태를 먼저 아는 것이 중요하다.

"목욕하고 가면 토마토, 블루베리, 딸기, 사과 같은 거. 과일 있는 거 넣어서 싹 갈아서 먹는다. 그라고 밥은 현미밥만 먹고. 아침에는 힘드니깐 좀 많이 먹는다. 70그램. 점심, 저녁은 50그램. 딱 요만큼만 먹는다. 더 먹으면 몸이 힘들어서 안 돼."

언니가 손을 요만큼이라고 표시를 해준다. 손바닥 1/3 정도 되는 크기다. 210그램이 밥 한 공기란다. 그럼 도대체 얼마를 먹는다는 건가. 이만큼만 먹고 살 수 있단 말인가. 믿을 수가 없다! 또다시 의심이 발바닥을 간지럽히며 살살 올라오려 한다.

"내 나이가 지금 얼만데! 70이 넘어가 수술 안 받을라고 이래 안 하나. 내도 젊었을 때 여만큼 뚱뚱했다. 죽을병인 거 알고는 살을 뺐지. 안 죽을라고. 지금 살이 싹 다 빠져가 57킬로! 여기서 더 나가면 아프고 힘들다."

사실인가 보다. 이렇게나 자세히 말해주는 걸 보면.

"우리 아저씨하고 뒤에 산에도 다닌다. 목욕 안 오는 날은 뒤에 산에 가고 일주일에 두 번은 이래 목욕오고. 저녁에는 아저씨하고 동네 한 바퀴 돈다. 수술 안 받을라면 이래야 된다. 평생을 데리고 살아야 될 건데. 안 그렇나? 수술 안 받고 살아야지. 이 나이에 수술해가 되도 안 한다."

평생 데리고 살아야 하는 병. 그래, 이쯤 되면 이건 '병'이 아니라 '몸'이다. 몸. 내 몸. 나와 함께 평생을 살다 같이 흙으로 돌아가야 할 내 몸!

"여도 살 빼야 한다. 젊었을 때 빼야지. 나이 들어서 빼면 더 힘들다. 기운 없어가 힘들어서 안 돼. 지금 빼야 한다. 한 살이라도 어릴 때 빼야 한다. 그래야 산다. 우리 같이 아픈 사람은 운동하고 밥 조절해가 살을 빼야 한다. 그래야 산다."

그래야 산다.
살 빼야 산다.

다리 수술해준 주치의도 "살을 빼야 합니다."
허리 시술해준 주치의도 "살을 빼야 합니다."
협심증으로 매번 만나는 주치의도 "살을 빼야 합니다."

모두 한결같이 말한다. 살을 빼야 한다고. 그래야 산다고.

살을 빼야겠지? 그래야 살겠지? 스트레스를 받으면 안 된다고 했는데. 살 빼려면 스트레스받을 텐데? 내 안에서 또다시 핑계를 찾고 있다.

"수술 안 받고 건강하게 살다 갈라면 살 빼야 한다. 우리 같은 사람은 더 빼야 한다. 평생 이거를 데리고 살아야 하는데 안 빼고 되는가? 살 빼야 한다. 그래야 산다."

내 머릿속을 들여다본 걸까? 내 고민을 어떻게 안 걸까? 동병상련의 아픔을 공유하니 저절로 느끼는 걸까? 내 표정에서 머뭇거림을 본 걸까?

살을 빼야 한다. 그래야 산다. 그런데도.

두 번의 오랜 병원 생활을 겪으면서 "퇴원하면 꼭! 운동할 테다." 마음 단단히 먹고도 결국 퇴원하고서는 원래의 모습으로 돌아가버린 지난날을 떠올린다.

내 몸을 얼마나 사랑했는가. 내 몸을 소중히 여겼는가. 그렇다고 대답하지 못한다. 그냥 살아왔으므로. 아무 생각 없이 살아왔으므로. 바쁘다는 핑계로. 돈 벌어야 한다는 핑계로. 하루하루 살기가 힘들다는 핑계로.

내 몸을 소중히 할수록 젊고 건강하게 산다는 것. 빨간목욕탕 언니들이 증명하듯 보여준다.

살 빼야 한다. 그래야 산다!

검정고무신 신던 그 옛날의 기억

할아버지 할머니 어렸을 적에 신으셨던 추억의 검정고무신
엄마 아빠도 어릴 적 신던 헐렁하고 못생긴 검정고무신
지금 다시 생각해보면 웃지 못할 이야기 정다운 얘기
검정고무신 (애니메이션 〈검정고무신〉 주제곡 중에서)

검정고무신 신던 그 옛날의 기억을 들을 수 있다니!
살아있는 역사의 한 페이지를 그렇게 열어본다.

오늘따라 유난히 온탕에 사람이 많다. 다리를 쭉 뻗어 스트

레칭도 하고 뻣뻣한 근육도 좀 풀어주고 경직이 잘 오는 발가락, 발바닥도 조물조물해야 하고. 해야 하는 게 많은데 사람들이 너무 많다. 다리를 뻗을 수가 없다. 그때 내 눈에 보인 다섯 글자. '보석사우나'

'오늘은 일찍 왔는데 저기나 들어가 볼까?'

 5시에 왔고 온탕 냉탕 왔다 갔다 하는 시간을 벌었으니 보석사우나에서 스트레칭이나 마음껏 할 생각이다. 오늘도 문 앞에 언니가 누워있다. 문 여는 기척에 순자 언니가 '벌떡!' 하고 일어나 앉는다.

"아니에요. 그냥 누워 계세요. 전 여기 앉으면 돼요."
"언지. 일어나야제. 잠깐 쉰다고 누웠다. 인자 여기에 눈 마사지 해야지."

 순자 언니는 말을 마치자마자 적외선 돌 가까이로 다가간다. 보석사우나의 안방마님인 커다란 돌이 뻘겋게 적외선을 내뿜으며 그 위용을 자랑하고 있다. 언니는 눈을 감고 뻘건 녀석 앞에서 온순한 양이 된 듯 다소곳이 앉는다.

"아니. 거기에 그렇게 해도 돼요? 눈이 괜찮을까요? 혹시 모르니깐 너무 가까이는 가지 마세요."
"거 병원에 안 가봤나? 병원 가면 이런 거. 뻘겋게 해가 눈에 쏜다아이가. 그거 아이가. 이게."

 그러고 보니 그런 것도 같다. 눈이 안 좋아 안과에 가면 순자 언니 표현대로 '뻘겋게 해가 눈에 쏘는' 그것과도 같은 불빛이다.

"내가 이걸로 코며 귀며 눈이며 등짝이며 다 고치고 있는데?"

 이건 또 무슨 소리인가? 협심증은 내가 걸렸으니 알고, 재활 치료할 때 암 병동에 잠깐 같이 있었으니 암에 대해서도 조금은 알겠고, 엄마가 류마티스 관절염에 당뇨였으니 그것도 조금은 알겠고, 무릎 수술 발목 수술하며 병원 생활 오래 했으니 웬만한 병에 대해서는 안다고 생각했건만. 코와 귀와 눈과 등을 목욕탕 사우나에서 고친다고? 궁금증에 순자 언니 곁으로 바짝 다가앉는다.

"내가 코 수술을 한 보자, 53년이가? 6년이가? 인자 정확한 날짜도 모르겠네. 20대 초반에 했응께 벌써 몇 년 전이고? 귀 수술은 한 20년 다 돼가고. 눈은 아직 수술은 안 했다."

"네? 전 눈 수술 했잖아요. 백내장이요. 제가 이 목욕탕에서 몸 나이는 제일 많을지도 모르겠어요. 하도 아픈 데가 많아가."

하하하하하.
 멋쩍어 웃는다는 말을 아는가. 지금 내가 그 상태다. 웃음이 나오긴 나오는데 참 이걸 웃어야 할지 울어야 할지 알 수 없는 그런 웃음.

 정말이다. 언젠가 73세 된 미희 언니와 온탕에 앉아 이야기한 적이 있다. 미희 언니는 아기 낳으러 병원 가보고는 여태껏 병원에 입원을 안 해봤다고 한다. 최근에 넘어지면서 다쳐서 어쩔 수 없이 병원에 입원했었다는 것. 믿을 수 없는 사실에 몇 번이고 확인했지만 사실이란다. 그때 알았다.

 5시 반에 오는 언니들 가운데 숫자 나이는 내가 제일 어리지만 신체 나이는 아마도 내가 제일 많을지도 모른다는 것을. 으악! 진실일까 두려운 이 심정.

"코 수술은 뭘 하신 거예요?"

코 수술이라고 하면 성형 수술밖에 떠오르지 않는다. 그 옛날에 성형 수술을 했을 것 같진 않고 궁금증이 커져만 간다.

"코가 축농증이 심해 갖고. 버티다 버티다 숨을 못 쉬게 된 게 수술을 했지. 오십몇 년 전에 수술이 뭐 있나. 입술 여기를 싹 뒤집어 갖고 여를 찢어 갖고 그래 하데. 온 얼굴에 마취는 시켜 갖고 아프지는 않는데 뒤집고 자르고 하는 거는 마 다 들리고."

양쪽 손을 이용하여 입술을 뒤집는 시늉까지 하며 이야기한다. 그때의 그 느낌이 느껴지기라도 하듯 한차례 부르르 떨기까지 한다. 오십몇 년 전, 그 수술 현장에 있기라도 하듯 나조차 얼굴이 구겨진다. 끔찍한 장면을 보고 있기라도 하듯.

"옛날에는 그 안 있나? 죽을병이 아닌데도 병이 돌아가 많이 죽고 안 했나. 위로 오빠 둘이 다 죽고 큰오빠 혼자 살았는데 큰오빠는 약을 해주고 내는 안 해줬다. 그때는 여자는 죽으면 죽는 대로 냅뒀다. 내는 어찌 살았는데 병이 심해져 가 나중에 내가 돈 벌어 갖고 수술을 안 했나. 그래가 살았는가 싶고."

그 옛날, 그때는 왜 그리도 여자들이 살기에 힘들었던가. 책에서나 보고 영화에서나 들었을 이야기에 고개를 끄덕이면서도 마음 한 바닥이 납작한 돌멩이로 눌러지는 느낌이다. 눌러진 마음에 시멘트를 발라서 딱딱하게 굳힌다. 아무것도 느끼지도 못하도록 봉해놓는다. 그런데도 마음이란 녀석이 쩍쩍 갈라져 튀어나온다. 시멘트를 뚫고 피어나는 잡초처럼. 그 시절 여자들은 그렇게도 끈질긴 생명을 갖고 태어났나 보다. 그래야만 살 수 있다는 듯이.

"코가 이 모양잉께 귀까지 어찌 안 좋은가. 중이염이라 카는데 너무 아파가 여도 수술을 안 했나."
"맞아요. 코랑 귀랑 다 연결되어 있대요."

아는 척해본다.

"요새는 입을 이래 찢고 안 할 낀데, 기술이 좋아가. 그때는 얼굴을 다 뒤집어가 그래 수술 안 했나. 그때 이후로 이 앞니로는 제대로 먹을 수가 있나. 과일도 조그맣게 잘라다 먹고."

아니. 오십 년이 넘는 세월 동안 앞니로 제대로 씹을 수가 없다니. 먹는 것이 달린 문제니 내 눈이 저절로 튀어나온다.

"그러면 고기 같은 건 어떻게 드세요? 고기도 못 드시겠네요?"

심각한 문제다.

"언지. 고기는 어금니로 씹으면 되지."
"아!"

무슨 의미의 감탄사일까. 고기는 먹을 수 있어서 다행이라는 것일까. 과일은 먹기 힘든데 고기는 먹을 수 있다는 진실에 당황한 것일까. 아무려면 어떤가. 평생을 말랑한 고구마 종류를 즐겨 먹는다는데 고기라도 먹을 수 있으니 다행이지 않은가.

"코 이거는 재발이 그래 많다 하데? 한 번씩 코피가 나면 멈추지가 않아서 병원 가거든. 병원 가면 코 안에를 찌지 준다. 그래야 코피가 멎고 한다. 의사쌤이 그라데? 내는 재발을 안 한다고. 다시 수술하는 사람이 그래 많다는데. 그게 다 이거 때문인 기라."

"네? 이거요?"

언니가 가리키는 것이 뻘건 적외선이 나오는 곳이다.

"그래. 내 목욕탕 오면 물에 안 들어가고 여 온다. 여기 와서 눈 갖다 대고 120번, 코 갖다 대고 120번, 귀 갖다 대고 120번, 등 갖다 대고 120번. 이래 안 하나. 하다가 힘들면 이래 누워서 쉬고 또 하고. 이래 세 번씩. 평생을 이래 한다. 그래 가 내가 낫지 싶다."

"그런데 왜 120번이에요?"

"그라면 2분 정도 됐께. 내가 그래 정해가 한다. 등도 이래 굽어 갖고 더 이상 안 굽어지게 할라고. 딸기 농사한다고 내도록 쭈굴이고 숙이고 항께 등이 이래 돼뻤다. 지금 이래 된 거는 어쩔 수 없고. 더 이상 안 굽어지게 할라고. 등도 대고. 등은 바닥에 이래 누버가 쭉쭉 당기는 것도 한다."

시범을 보여주는 듯 바닥에 누워 팔다리를 머리 위, 발아래로 쭉 잡아당기듯 뻗는다.

"내 다리도 이래가 나샀다. 다리가 펴지지가 않았는데 이제는 이래 잘 펴진다."

이번에는 앉은 채 다리를 앞으로 쭉 뻗는다. 스트레칭을 할 때 하는 동작이다. 아주 기본 중에 기본. 다리 쭉 뻗기. 이걸로 다리를 펴게 되었다니. 이걸 믿어야 하는 건지 안 믿어야 하는 건지.

"내, 돈 벌러 다니는 그 젊었을 때부터 목욕탕에 다녔다. 이게 나를 살린 기라."

보석사우나 들어오기 바로 전에 또 다른 73세 진아 언니가 빨간목욕탕이 지어지던 초창기부터 목욕탕에 다니기 시작했다고 해서 놀랐는데 이건 또 무슨 말인가.

"우리 아 쪼맨할 때 구멍가게를 안 했나. 아저씨가 돈을 안 벌어다중께. 내가 벌어야지. 안 그렇나?"

그 시절, 갓 태어났을 나에게, 그때 그 시절, 그 시대적 배경에 공감하라고 한다. 공감한다.

"그 시절 아버지들은 왜 다들 그러셨을까요? 우리 아버지도 그래 엄마를 고생시키다 가셨다고."
"그땐 다 그랬다. 어짜겠노. 아는 낳았제. 내라도 벌어야지. 그래가 시작한 게 구멍가게다. 아이스케키라고 들어봤제? 이만한 통에다가 아이스케키 넣고 위에다가 커다란 얼음을 이래 매달아 놓는 거다. 우리는 그래도 통이 세 개나 되고 장사도 잘됐다."
"아이스케키? 얼음이요? 하하하하하. '검정고무신' 이야기 듣는 것 같아요."
"맞다. 그 시절이제. 그라고 조금 있응께 냉장고가 나오데."
"완전 대박이에요. 냉장고가 없던 시절에 사셨던 거예요?"

내 어린 시절 기억에 냉장고는 당연하게 있다. 다리 달린 텔레비전도 있다. 그 시절에 냉장고며 텔레비전이 있으니 우리 집은 부자였던 건가. 엄마 혼자서 고생하며 우리 4남매를 키운 걸 아는데도 우리 집이 부자였다니 엉뚱한 상상을 해본다.

"하모. 아이스케키보다 얼음이 더 빨리 녹는다고. 이래 큰 얼음을 매달아 놓고 그랬다."

얼음이 있기라도 한 듯 허공에 커다란 얼음을 매단다.

"구멍가게에서 안 판 게 없다. 막걸리도 팔고. 아이들 먹는 것도 팔고. 이것저것 다 팔았다."

햇빛만으로 안을 밝힌 조그만 구멍가게에 아이들이 아이스께끼를 고르며 신나 있다. 그 앞에서 나이 지긋한 할아버지가 막걸리를 마시며 아이들을 보며 웃는다. 입술 끝에 막걸리를 매단 채 흐뭇한 웃음이다. 모두 검정고무신을 신고 있다. 눈앞에 펼쳐진 '검정고무신 특별편'에 절로 웃음이 난다. 그 시절 그 구멍가게에서 아이스께끼를 고르고 있는 나를 보며.

"장사도 잘됐을 텐데 왜 그만두셨어요?"
"주변에 마트가 하나둘씩 생기데? 그라이 어쩔 수 있나. 살 길을 찾아야제. 구멍가게 접고 시작한 게 양념 불고기 집."
"음식솜씨가 좋으셨나 봐요. 식당을 다 하시고. 양념불고기, 넘 맛있겠다."

 군침이 도니 배고픈 소리가 난다. 집중해서 듣고 있다가 이 무슨. 더군다나 이렇게나 가까운 곳에 우리 둘만 있는데 말이다. 다행이다. 귀가 안 좋으시다더니 못 들으셨나 보다.

"맛이 좋다카데. 그걸 17년을 하고 다른 사람한테 넘겨줬다. 지금은 딸기 농사짓고."
"지금도 일하시는 거예요?"
"하모. 일 해야제. 시골에 가봐라. 내는 젊은 기다. 80, 90 돼도 다 나와서 농사짓고 일하는데 내 나이에 일해야지. 안 하면 병나서 안 돼."

 당연한 걸 묻는다는 듯 옆으로 약간 째려보듯 한다. 의자에 등을 기대고 바닥에 앉아 다리를 쭉 뻗는 동작을 하고 있기에 살짝 옆으로 보는 것임을 아는데도 째려보는 것처럼 느껴진다. 너무도 당연한 걸 물은 죄다.

"지금은 목욕탕이라도 많지. 그 옛날에는 목욕탕이 없어가 찾아서 안 다녔나. 새벽 4시에 문 여는 곳, 밤 11시까지 하는 곳. 찾아 댕기면서 목욕을 안 했나."

"우와. 대박! 그렇게나 오래전부터 목욕탕 다니신 거예요?"

"하모. 이 목욕탕이 내를 나사주는데."

눈, 코, 입, 등까지 원적외선으로 치료해주고 나면 앉은 자리에서 스트레칭을 한다. 내가 물에서 하는 동작이랑 비슷하다. 발을 최대한 앞으로 쭉 뻗고 몸을 반으로 접는 것. 이 기본 동작이 잘 되면 다음은 팔을 뒤로 최대한 올릴 수 있는 만큼 뻗어 올린다. 어깨가 아픈 듯 시원하면서 결국 안 쓰는 근육까지 사용하게 만든다.

"이날 이때꺼정 큰 병원 안 다니고 이래 사는 것만으로도 고맙다. 내가 평생을 목욕탕 다니면서 병원은 잘 안 간다. 의사 쌤도 한 번씩 보면 나더러 관리를 잘한다고. 내는 목욕탕 이래 댕기는 거밖에 없는데."

이제는 '보석사우나'도 찜해야겠다. 온탕 냉탕 오가며 운동하는 것만 생각했는데 '보석사우나'에서도 건강해지는 시간을 가질 수 있다는 것. 목욕탕 다니길 정말 잘했다. 흐흐흐흐. 저절로 웃음이 샌다. 점점 건강해지는 나를 보며.

"구멍가게 8년, 불고기 집이 17년, 지금까정 딸기 농사짓고 있고."

손가락을 접어가며 몇 년인지를 헤아린다.

"그라이 세월이 홀딱 가뺐네!"

검정고무신 시절 이야기가 불고기집 식당 하는 얘기로, 딸기 농사하는 이야기로 언제 넘어간 걸까. 구멍가게 할 때부터 식당 일을 할 때도, 딸기 농사짓는 지금도 목욕탕을 꼭 다니고 있다는 이야기 말이다. 그것이 언니를 살렸단다.

아! 그러고 보니 들어올 때 바로 내 앞에서 자전거를 타고 오던 분 같기도 하다.

"혹시 오실 때 자전거 타고 오셨어요?"
"하모."
"깜깜한데 어떻게 자전거를. 날씨도 추운데."
"집이 바로 여 아니가."
"이 근처세요?

"저짜, 영민식당 뒤에."
"네? 거기면 한참 먼데요?"
"자전거 타면 금방이다."
"그래도. 대단하세요. 이제 날씨 추워지고 눈비 오고 하면 못 오시겠네요?"
"와? 그때는 걸어오는데?"

너무나도 당연한 걸 묻는다는 듯 또 나를 빤히 쳐다본다. 무안해진다.

"아니, 거리가 얼만데 걸어서 오신다고요? 차로 와도 오늘처럼 추운 날 힘들던데."
"걸어오면 시간이 좀 걸리지. 자전거 타면 금방인데."

언니. 그런 말이 아니잖아요. 어떻게 이렇게나 추운 날씨에 자전거를 타고 온다는 거예요. 그것도 5시면 깜깜한 한밤중인데 말이에요.

"목욕탕에 와야 내 몸이 사는데 안 오는가?"

너무도 당연한 얘기다. 평생이다 싶을 정도로 오랜 시간 동안 목욕탕에 다닌다. 목욕탕에서 스스로 재활치료를 한 것이다. 그것이 자신을 살린 것임을 믿는데 안 올 리가 없다. 너무도 당연한 얘기를 또 한 거다.

 갑자기 추워진 날씨 탓을 한다. 오늘 아침만 해도 이불 속에서 나오기가 힘들다. '오늘만 안 가면 안 될까.' 하며 뭉그적거리다 겨우 일어나 목욕탕에 온다. 날씨가 더 추워지면 목욕탕 다니기 힘들겠다며 목욕탕에 안 올 여러 가지 이유를 대면서. 부끄럽다.

"구멍가게 8년, 식당이 17년, 딸기농사 짓고, 그라이 한평생 가삤네!"

 담담하다 못해 담백한. 담백하다 못해 너무도 간결하게 한평생을 나눈다. 사람의 한평생이 이렇게나 간단하게 정리될 수 있단 말인가. '툭' 하고 내뱉는 한마디가 커다랗게 다가옴은 왜인가.

내 한평생은 어떻게 나뉠까. 지금은 그 어디쯤을 살고 있을까.

검정고무신.

예쁘게 그림을 그려 놓은 검정고무신 한 켤레가 신발장에 있다. 언젠가 놀러 갔다가 산 것이다. 오늘은 검정고무신을 신고 출근해 볼까. 아이스께끼를 먹으며 신나 있는 나를 본다.

사람 목숨! 다 때가 있는 기라

 토요일 아침, 평소보다 늦은 7시에 빨간목욕탕에 간다. 토요일이니 늑장을 부려도 되지 않겠는가. 주말이라는 이름으로, 아이를 늦게 깨워도 된다는 핑계로, 여유롭게 도착한 빨간목욕탕은 평소보다 더 밝은 모습으로 나를 맞아준다.

"토요일이라고 늦게 왔는 갑네."
"네. 일도 안 가고 해서요."

 희자 언니와 인사를 하고 사물함에서 목욕 바구니를 꺼내 안으로 들어간다.

역시 평소와 다른 분위기다. 이것이 늦게 와서인지, 토요일이어서인지는 알 수 없다. 아니면 내 마음이 평소와 달라서인지도 모른다.

한가운데를 차지하고 있는 마루 위에는 오늘도 어김없이 바구니들이 가득하다. 빨간목욕탕은 사물함에 옷을 넣는 언니들보다 바구니에 옷이랑 소지품이랑 넣어서 마루 위에 올려두고 가는 언니들이 더 많다. 나도 그렇다.

처음 며칠 동안 사물함에 옷이랑 짐을 넣고는 자물쇠로 잠그고 다닌다. 그런데 가만 보니 언니들은 바구니에 짐을 두고 다니는 거다. 한 번은 언니들 따라서 바구니에 짐을 두고 목욕을 하고 나온다. 우와! 이렇게나 편할 수가. 사물함 열쇠 챙길 필요도 없지. 씻고 나와 한 발짝만 떼면 짐이 있으니 바로 닦고 챙길 수 있지. 이거 편해도 너무 편하다. 그다음부터는 계속 바구니에 짐을 두고 다닌다. 핸드폰이며 차 열쇠며 다 두고 다닌다. 얼마나 편한지 모른다. 처음엔 조금 불안하기도 했다. 핸드폰이라도 없어질까 불안한 건지. 차 열쇠가 사라질까 불안한 건지. 하지만 이젠 전혀 불안하지도 않다. 빨간목욕탕 언니들을 닮아가나 보다.

바구니들을 한쪽으로 밀어두고 언니 두 명이 앉아 이야기를 나누고 있다. 그 옆쪽이 비어 있길래 그곳으로 간다.

"아고. 내 한동안 안 보여가 얼마나 걱정했는지 모른다. 어디 가가 죽어뺐나 싶어가지고."
"죽고 싶더만. 사람 목숨 마음대로 되는 게 아니데. 이래 살아지네."
"그라먼. 간 사람은 간 사람이고 산 사람은 살아야제. 하모 살아야제. 다행이다. 다행이야. 죽어뺐나 싶어가 얼마나 걱정했는가 모른다."

'죽음'이라는 단어 때문이었을까. 놀란 얼굴로 쳐다보고 만다. 언니들은 나를 살짝 보더니 다시 이야기를 나눈다.

"니 살아있어가 다행이다. 참말로 다행이다. 이제 어디 가지 말고. 여 있어라. 알았제? 어디 가지 말고. 여서 같이 있자."
"그래, 이제 어데 안 간다. 내가 갈 데가 어디 있노. 여서 살아야제."

 남편분이 돌아가셨다고 한다. 그 슬픔에 빠져 언니가 한동

안 어디로 사라졌었단다. 보이지 않는 언니를 걱정하다 오늘 이렇게 만나 어디 가지 말라며 여기서 함께 살자며 다짐을 받는다.

 두 분이 어떤 사이인지는 모른다. 그저 한 분이, 슬픔에 빠져 있는 다른 한 분을 위로하고 있다는 것만 알뿐이다. 다만 두 분 사이에 흐르는 애잔한 사랑을 느낄 뿐이다.

 묵직한 마음으로 목욕탕 안에 들어온다. 역시나 평소와는 다르게 시끌벅적하다. 사랑방처럼 삼삼오오 모여 이야기를 나누기도 하고 커피를 나눠 마시며 이야기를 나누기도 한다. 그러고 보니 오늘은 두 분씩 짝을 지어 서로의 등을 밀어주는 할머니들도 여럿 있다. 평소에는 자동 등밀이로 등을 밀고 마사지만 서로의 등에 해주는 모습이었는데 다른 풍경이 보인다.

 한쪽에 자리를 잡는다. 처음 앉는 자리인데 물살이 제법 세다. 기분이 좋다. 한창 씻고 있는데 옆에 있는 영자 언니가 오른쪽 손목을 주무르기도 하고 까딱까딱 움직이기도 한다. 오른쪽 손목이 꺾여 병원에 갔다 연골 수술을 했었던 탓인지 그 모습이 예사롭지 않게 보인다.

"손목이 아프신 거예요?"
"뼈가 뿌러져가 심 박아났다. 그거 빼러 가야 되는데 바빠가 안 갔더만 쪼매 움직이면 이래 아프네."

'쪼매' 아프다고 했는데 '쪼매'가 아닌 것 같다. 영자 언니 표정이 제법 일그러진다.

"일 년 쪼매 더 됐제? 고동 잡으러 가가지고 미끌어져가 손목뼈가 뿌러지삔기라. 그래도 넘어지면서 엉덩이 부딪치고 손목으로 짚다가 이래 돼서 망정이지 머리라도 부딪치면 내는 그길로 간기라."
"아유, 그만하기 다행이네요. 진짜 큰일 날 뻔했어요."

아니, 당신 죽을 뻔한 이야기를 이렇게나 아무렇지 않게 말할 수가 있는 것일까. 영자 언니는 장난꾸러기 같은 웃음마저 짓고 있다. 무슨 무용담을 이야기하듯 한다.

"그때 뭔 정신이었나 모르겠다. 잠수복을 입고 있어가 한 손으로 잠수복을 벗을 수가 있어야제. 내 그 길로 한 손으로 운전해가 마을로 온 기라. 마을에 온께 사람들이 119 불러가 병원에 갔다아이가. 그래 살았다. 지금 생각해도 그 길을 우째 한 손으로 운전 해가 갔는가 모르겠다. 사람이 닥치니깐 해지데. 닥치니깐 뭐 되고 안 되고 어딨노. 그냥 하는 기제."
"같이 고동 잡으시는 분 계셨을 거 아니에요? 그분한테 도와달라고 하시지."
"언제. 고동 잡는 거 밤에 혼자 가서 하는데 누가 있나. 내 혼자제. 그랑께 큰일 날 뻔한 거제. 아직 갈 때는 안 됐는가. 그래 살아지데."

또 웃는다. 따라 웃을 수가 없다.

"아유, 정말이지 큰일날 뻔하신 거네요. 어째요."
"내는 지금 위도 없다."
"네?"

위가 없다니 이게 무슨 말인가. 나는 뭔가 잘못 들었나 싶어 다시 물을 수밖에 없다.

"위가 없다고요? 우리 밥 먹으면 소화시키는 그 위 말씀이세요?"
"하모. 위암에 걸려 갖고 위를 다 잘라내고 소장을 이 위로 끌어올려 놓았다."

 손으로 배에 흉터를 보여준다. 세로로 길게 수술 자국이 있다. 한 뼘보다 조금 더 클까? 쭈글거리는 배를 가르며 수술 자국이 언니 말이 사실임을 증명하듯 길게 이어져 있다.

"암이 1기밖에 안 됐는데 더러븐데 자리를 잡아가 약물치료고 뭐고 없이 바로 잘라냈는 기라. 그거 잘라내고 낭게 멀쩡하데. 보자."

 언니는 한참 손가락으로 헤아리더니 이어서 말한다.

"한 11년 됐네. 내 60도 안 돼 가 그래 됐응께. 그래도 지금까지 아무렇지도 않게 잘 산다. 날것 빼고는 먹는 것도 다 잘 먹고. 살이 너무 빠져가 기운이 없어서 그렇지. 그거 빼고는 다 괜찮다."

살 이야기를 하며 나를 한 번 쳐다본다. 내가 괜히 그렇게 느끼는 걸까.

"살이 28킬로가 빠졌는 기라. 내도 여 맨치로 트실트실 해가 힘도 잘 쓰고 그랬는데 지금은 힘이 없다. 살 뺄라고 하지 말고 건강하게 살아라."

하하. 나를 본 게 맞다. 하하하.

"의사쌤이 전 건강해지려면 살을 빼야 된다고 하시던데요."
"그라제? 몸이 무거븐께 다리가 안 좋제? 그라면 쪼매만 빼라."
"네? 제가 다리가 안 좋은 걸 어떻게 아셨어요?"
"딱 보면 알제. 뭐 그리 놀라노?"

당연한 걸 말한다는 것처럼 말한다. 여기 언니들은 어쩜 이리도 놀라운 이야기들을 당연하다는 듯 말하는 것인지. 그런 말을 들을 때마다 내 눈은 어찌 이렇게 커지는지. 눈이 눈깔사탕처럼 동그랗게 떠져서는 입도 헤 벌린 채로 놀라움에서 빠져나오지 못한다.

어떻게 안 걸까? 분명 오늘 처음 보는 언니인데? 내가 다리가 안 좋아서 냉탕에서 왔다 갔다 걷고 온탕에서 다리를 주무르며 스트레칭하는 걸 어떻게 아는 거지? 묻고 싶었지만 물을 수가 없다. 영자 언니 이야기가 다시 이어졌기 때문이다.

"내 일하던 데 사장이 내를 살린 기라. 소화가 안 돼가 내 약만 먹고 손가락 따고 그랬더만 검사하라고. 그래 검사하니깐 암이라 카데. 암이라 하자마자 서울에 거 뭐고. 그래 삼성병원 소개시켜 주고 수술도 빨리 하구로 손봐주고. 퇴원해가꼬도 쉬엄쉬엄 일하라며 챙겨주고. 출근하면 내 얼굴 보러 와가꼬 쪼매만 피곤해 보이면 쉬러 가라 하고. 요새 그런 사람이 어딨노. 그 사람이 내를 살린 기라."

 영자 얼굴이 그 어느 때보다 진지하다.

"고마운 분이시네요."
"하모. 내 살린 사람이제. 그 사람 아니었으면 우째 됐는가도 모르제."
"몸도 그러신데 어쩌다가 고동을 잡으러 가서가지고. 이제 고동 잡으러 가시면 안 되겠어요."

"와 안돼? 지금도 고동 잡으러 다니는데?"

"네? 자녀분들이 뭐라 하시겠는데요? 고동 잡는 거 그만하시라고요."

"언제. 아이들 여름에 오면 우리 식구 다 잠수복 입고 물에 들어가가 고동 잡는데?"

"네?"

"내 40년을 넘게 고동 잡으며 안 살았나. 그걸로 울 아이들 다 키웠제."

"아니, 낮에도 일하신다면서요?"

"하모. 그때는 낮에는 식당 일하고 밤에는 고동 잡고. 지금은 낮에 요양보호사하고 밤에는 고동 잡고."

"네?"

"허허허. 평생 해오던 일인데 뭐 한다고 그래 놀라노? 이래 살다 갈 때 되면 가면 되는 기라. 가는 거 다 때가 있는 기제. 갈라 했으면 진작에 갔겠지. 지금까지 이래 있는 거 보면 아직 갈 때는 안 됐는 기라. 하하하."

"……."

언니는 웃는데 이번에도 따라 웃을 수가 없다.

"다 떠들었나? 등 안 밀끼가?"
"등 밀어야제. 니는 다 밀었나?"
"다 밀었제. 등만 밀면 된다. 이리 등 대봐라. 먼저 밀어주께."

옆에 있는 언니랑 함께 왔었나 보다. 두 분이서 등 밀어주는 사이 샤워를 마치고 나온다.

"먼저 갈게요."
"그래. 젊은 사람이라 후딱 하네?"

영자 언니가 웃는다. 이번에는 나도 따라 웃는다.

사람 목숨이란 게 무엇일까. 사람 목숨 다 때가 있다는 건 무슨 말일까. 한참을 생각한다.

살면서 죽고 싶었던 날도 있었다. 누구나 그렇지 않을까. 삶이 순탄하기만 하면 그것이 삶이라 할 수 있겠는가. 굴곡지고 찬 바람 불고. 삶의 여정이 고속도로만 있으면 얼마나 재미가 없겠는가. 때론 꼬부랑길도 가고 때론 비탈길도 가고. 어찌 가는 길이 맑기만 하겠는가. 때론 비도 오고 때론 눈도 오고 또 때론 비바람도 분다. 우리 인생길이 다 그렇지 않겠는가.

그럼에도 유난히 내게만 태풍이 불고 절벽 길로 떨어진다고 느낄 때가 있다. 그럴 때면 스멀스멀 고개를 드는 죽음의 유혹. 자신에게 오라고 손짓한다. 손을 잡고 싶다. 이 손만 잡으면 편해질 것만 같다. 퍼붓던 빗줄기가 햇살로 바뀌고 아래로 떨어지던 벼랑이 열기구를 타고 하늘로 오를 것만 같다. 그런 유혹에서도 살아난 것 보면 언니 말대로 사람 목숨 다 때가 있는가 보다. 가야 할 때가 언제인지 모르니 오늘을 소중히 하며 살아갈 수밖에 없다. 죽음의 고비를 그렇게 넘기고서도 오늘을 사는 언니처럼 그렇게 오늘이 주어짐에 감사하고 살아간다.

바다에서 팔팔 뛰는 생명력 넘치는 물고기처럼

 여유를 부린 일요일, 오늘은 아예 한낮에 빨간목욕탕에 가기로 한다. 한낮의 모습은 어떤지 궁금하다. 한낮에 가면 왠지 미라클모닝이 아니라 어쩌다 한 번 정도 동네 목욕탕을 가던 때처럼 옛날 기분이 날 것 같다. 소풍 가듯 설렘을 안고 빨간목욕탕에 간다.

 점심을 먹고 나서는 길, 깜깜한 하늘과 달과 함께 가던 길을 환한 태양이 비춰준다. 낯설다. 괜히 웃음이 난다. 늘 걷던 길에서 벗어나 새로운 길로 들어서는 것처럼 들뜬다. 해야 할 것을 하지 않고 일탈을 맛보는 아이처럼 두근거린다. 장난끼 가득한 걸음이 빨간목욕탕으로 향한다.

주차장이 여유로워 보이는 것은 환함이 주는 착시 현상일까. 따뜻한 빛이 주는 선물일까. 마음이 여유로우니 모든 것이 여유로워 보인다. 한낮의 빨간목욕탕은 어떤 모습일지 호기심으로 설레기 시작한다.

"일요일이라고 늦게 오는가베."

어? 항상 빨간목욕탕에 오면 입구 작은 유리창으로 들려오는 "어서 오이소." 소리가 아니다. 희자 언니 동생, 덕자 언니다.

"네, 일요일이라고 많이 늑장 부렸어요. 헤헤. 이 시간에 계시는 거예요?"
"그렇지. 조금 전에 언니가 점심 갖다 줘가 같이 먹고."
"아, 식사 챙겨준다고 하시더니 같이 드시는 건가 봐요?"
"언니가 건강식으로다가 잘 챙기거든."

언젠가 말해주었던 기억이 난다. 희자 언니가 음식을 정성껏 건강식으로 챙긴다고. 같은 걸 먹는데도 언니는 날씬하니 예쁜데 동생인 자신은 뭐가 잘못됐는지 살이 안 빠진다며 같은 '통통'한 사람끼리 한참을 이야기하며 웃는다.

 마루 위에 플라스틱 바구니가 많지 않다. 이른 아침반은 바구니가 모자란다. 오는 순서대로 대부분이 사물함보다는 바구니를 먼저 쓰기 때문이다. 밝을 때 오니 바구니가 남는다. 혹시 사람이 많지 않은 것인가 둘러본다. 이른 아침반보다는 없긴 하다. 그래도 바구니를 다 쓰고도 남을 만큼 사람들이 있다. 그럼에도 바구니가 남는 것을 보니 아무래도 한낮반은 바구니보다는 사물함을 더 많이 사용하는가 보다.

"아고, 예쁘네. 살이 통통하니 예뻐."
"네?"

 목욕을 끝내고 나온 두 분이 한창 이야기를 나누더니 갑자기 나를 쳐다본다. 이게 무슨 소린가. 며칠 전만 해도 건강을 위해 살을 빼기로 어렵게 어렵게 마음먹지 않았던가. 얼마나 놀랐는지 화들짝 놀란 고양이 눈처럼 커져버린다.

"의사 선생님도 그러고 건강하게 살려면 살을 빼야 한다던데요?"

"아이다. 살 빼면 안 된다. 살 빼면 대번 힘이 없다. 힘이 없어. 내 함 봐라. 아파가 살이 3킬로 빠지더만 어지러워가지고. 목욕도 겨우 했다. 겨우 했어."
"지금이 딱 보기 좋다. 살 뺄 생각도 하지 마라. 이거 함 봐라. 살이 탱탱한 게 얼마나 좋노!"
"젊었을 때는 날씬한 게 좋아도 늙어서는 살집이 있어야 한다. 살 빠지면 기운이 없어서 안 된다. 더 찌지만 말고. 지금이 딱 보기 좋다."

옆에 계시던 분까지 힘을 보탠다. 팔을 살짝 두드리듯 만지더니 부러운 듯 감탄한다. 아하하하하. 나도 모르게 웃음이 터져 나온다. 살을 빼지 말라니. 지금이 딱 보기 좋다니. 좋긴 한데 뭔가 좀 마냥 좋아할 수 없는 그런 기분이다. 살을 빼야 건강하게 살 수 있다고 혼내듯 말해주던 5시 반 언니들의 잔소리가 더 절실하게 다가온 탓일까? 처음 만난 분들이라 그저 듣기 좋으라고 하는 말처럼도 들린다. 진심으로 걱정해서 말해주기보다는 그냥 해주는 말. 그렇기에 좋으면서도 마냥 좋지 않은 뭔가 야릇한 기분이 드는 것 같다.

두 분은 많이 말랐다. 옷을 입으면 옷태가 살겠지만 실 한

오라기도 걸치지 않은 상태에서는 힘이 없어 보인다. 그래도 부러운 몸매다. 흑백사진만 존재했을 시절, 나는 빼빼로가 별명이었을 정도로 말랐었다. 컬러 사진이 되면서 점점 통통해지더니 더 이상 마른 모습의 사진은 단 한 번도 본 적이 없다. 그러니 내게는 부러운 몸매다. 옷 입는 모양새가 살아나는 그런 몸매다. 부럽다. 많아도 60대 초반으로밖에 보이지 않는다. 그러나 지금까지 경험으로 보면 이럴 경우 생각보다 나이가 많다. 아무튼 60대의 몸매가 이렇게 날씬할 수 있다니 부러움에 쳐다보고만 있다. 언제 또 만나게 될지 알 수 없는 두 분이 나가는 것까지 보고서야 탕으로 들어간다. 좋아해야 할지 말아야 할지. 아리송한 기분을 가진 채.

역시 아침반보다는 사람이 적다. 물이 잘 나오는 수도꼭지를 이미 알고 있으니 여유롭게 가서 앉는다. 머리를 감고 탕에 들어가기 위해 몸을 씻고 있는데 물소리가 콸콸콸콸 난다. 온탕에 물이 넘치는 소리다.

이른 아침반 언니들은 사람이 없을 때는 물을 틀지 않는다. 사람이 있으나 없으나 물을 넘치게 하지 않는다. 빨간목욕탕을 제집처럼 아끼기에 당연히 물도 아낀다. 그렇게 물 아끼는 것이 당연한 줄 알고 있다가 갑자기 물 넘치는 소리에 놀란다. 여긴 어디인가. 빨간목욕탕이 아닌가? 순간 당황한다. 빨간목욕탕에 오는 사람들은 모두 식구이고 식구들이 사용하는 빨간목욕탕을 아끼고 소중히 하는 것이 아주 당연하다. 이른 아침반에서는 그게 아주 당연하다.

그런데 지금 물이 넘치고 있다. 60대 언니 정도 되어 보이는 분이 온몸으로 물을 휘저으며 물을 걷어 버린다. 코로나 이전에 다른 목욕탕에 다닐 때 보던 모습이다. 저 정도까지는 아니었지만 나도 물을 틀어놓고 넘치게 버린 적이 많다. 그러나 지금은 다르다. 빨간목욕탕 식구가 된 지 2개월이 다 되어 간다고 이젠 넘치는 물을 아깝게 쳐다보게 된다.

온탕에 들어갈 생각도 하지 못하고 미지근한 탕에 들어간다. 밑에서 샘솟듯 솟아오르는 물줄기에 등을 댄다. 아침반 언니들처럼.

이것도 제법 마사지가 된다. 등을 두드려 주는 자동마사지 기계 같다. 이래서 언니들이 서로 등을 맞대고 이곳에 있었구나, 새삼 깨닫는다. 서로 등을 맞댄 채 사랑방처럼 이야기

나누는 모습이 재밌어 보인다. 혼자라 뒤에 기댈 사람이 없어 솟아오르는 물줄기가 등 전체를 때린다. 조금 아프긴 하지만 여기에 있으며 아침반 언니들을 생각하는 것도 재미있다.

 보석사우나에 들어간다.
 헉! 너무 뜨겁다. 아침의 은은한 온기가 아니다. 문을 연 순간 공룡이 입에서 불을 내뿜는 듯한 뜨거운 공기가 나를 밀어낸다. 기어이 뜨거움을 뚫고 들어가 있어 보려 했으나 처참히 실패. 1분도 채 되지 않은 시간에 바로 튀어나와 버린다.

 '와아. 낮에는 엄청 뜨겁구나!'

 몸이 뜨겁다. 한여름 뜨거운 태양을 온몸으로 받아 달궈진 아스팔트처럼 몸이 뜨겁다. 냉탕이 필요하다. 냉탕이 차갑게 느껴지지 않는다. 보석사우나에서 무슨 일이 벌어지는 건가. 오전 내내 달궈진 돌이 적외선을 무지막지 내놓는다. "나의 적외선을 받아라. 얍얍얍."하는 것처럼 자신의 뜨거움을 마음껏 자랑한다.

몸을 차갑게 만든 다음에야 온탕으로 들어간다. 물이 더럽다. 이래서 물을 넘치게 했었나 생각한다. 아침 시간에는 물이 깨끗한데. 아무리 씻고 들어와도 사람 몸에 붙은 때는 온탕에서 불어난 후 그제야 사람 몸에서 분리된다. 아마도 때는 물에서 수영하기를 좋아하나 보다.

 깨달음의 연속이다. 날마다 깨끗한 물에 몸을 담그던 습관 때문인지 탁한 물에 오래 있고 싶지 않다. 여유롭게 몸을 풀려던 마음을 다시 접어 넣어버리고 일어나 나온다.

"물이 하나도 안 뜨겁다."

 할머니 한 분이 일어나 온탕에서 나오려고 한다. 걸음이 위태위태하다. 휘청거리며 금방이라도 넘어질 것만 같다. 바로 튀어가 할머니 팔을 잡는다.

"할머니 제 팔 잡고 나오세요. 물이 많이 미끄러워요."
"괜찮은데. 살살 하면 되는데."

 팔을 붙잡으며 엉덩이를 탕 테두리에 올려놓고 천천히 발을 옮긴다. 50대 후반이나 됐을까? 많아야 60대 초반 정도 되어 보이는 젊은 언니 한 명이 쫓아오더니 할머니 다른 팔을 잡는다. 우리는 양쪽으로 부축하듯 해서 할머니를 무사히 자리까지 모셔다드린다.

할머니가 안전하게 자리에 앉는 걸 보고 내 자리로 돌아온다. 함께 팔을 부축해준 언니는 할머니 등을 밀어드리고 마무리까지 다 하고 같이 나간다. 아는 사람인가 보다. 그런데 어디에 있다가 온 것인지 갑자기 궁금해진다.

"모르는 할머닌데? 목욕 다 하고 나가는데 할머니가 위험해 보여가 들어왔지. 그래도 젊은 사람이 팔도 부축해줄 줄 알고."

서로 모르는 사이란다. 언니는 요양보호사로 일하는데 목욕 마치고 나가려다 할머니가 위태로운 걸 보고 몸이 저절로 움직여 다시 들어온 것이란다. 등까지 다 밀어드리고 목욕 마무리까지 해준 언니가 팔 잠깐 부축해준 나를 칭찬한다. 요즘 젊은 사람 같지 않다며. 할머니 팔도 부축해줄 줄 안다며. '요즘 젊은 사람'이라는 말을 들을 정도는 아닌데.

난감하다.

 한낮의 빨간목욕탕은 다르다. 가장 큰 차이가 일주일에 혹은 어쩌다 한 번 정도 목욕하러 오는 분이 많다는 것이다. 일요일, 쉬는 날 목욕하러 온다. 평일에 일하면서 묵었던 때와 피로를 풀러 가끔 쉬는 날 목욕탕에 다녔던 예전의 나와 같다. 일요일 한낮 빨간목욕탕은 이렇게 가끔 오는 분들이 대부분이다.

 어린아이는 아니지만 초등학교 고학년으로 보이는 딸과 온 젊은 엄마도 있고 이웃집 친구와 함께 온 할머니들도 있다. 언니 정도 되어 보이는 몇 분도 친구인지 동네 분인지 함께 와서 여유롭게 목욕을 한다. 여느 목욕탕과 다름이 없다. 온탕에 물도 철철 넘치도록 흘려넘기는 모습도 여느 목욕탕과 닮았다.

 한낮에 할머니들은 대체로 힘이 없다. 5시에 오는 언니들은 80이 넘어도 힘이 있다. 쟁쟁하다고 해야 할까. 쌩쌩하다고 해야 할까. 활기가 있고 생기가 있고 생명이 있다. 한낮 빨간목욕탕은 힘이 없다. 같은 나이임에도 너무도 다르다.

같은 빨간목욕탕임에도 시간에 따라 이렇게나 다른 모습을 무엇이라 설명해야 할까. 새벽을 열고 이른 아침을 맞이하는 언니들의 생명력이 서로를 더욱 건강하게 만들고 행복으로 채우는 것일까.

 주어진 하루가 같아도 그것을 어떻게, 무엇으로 채우는지는 모두가 다르다. 새벽을 열며 하루를 시작하는 언니들에게는 더 긴 시간의 하루가 주어진다. 그 시간을 삶으로 꾹꾹 눌러 채우는 언니들에게는 같은 시간도 같은 시간이 아니다. 같은 나이임에도 전혀 다른 삶을 산다. 모진 풍파 지나온 삶은 같다. 같은 세월 같은 시대를 살며 자기만의 어려움과 힘듦으로 그 세월을 지나왔다. 같이 지나온 삶에 단지 다른 것은 이른 아침을 깨우며, 어둠을 가르며 자신의 하루를 더 소중히 하는 이들이 있다는 것이다. 자신의 몸을 챙기며 건강을 아끼며 자신의 삶을 소중히 하는 이들이 있다는 것이다. 이것이 가장 큰 이유다. 한낮의 빨간목욕탕과 이른 아침의 빨간목욕탕이 전혀 다른 것은.

 5시. 이른 아침을 깨우는 우리 언니들처럼 늙고 싶다. 평생 이다시피 새벽 목욕탕에 다니며 몸을 가꾸고 건강을 챙기는

5시 반 언니들. 하루를 더 소중히 채우며 자신들만의 역사에 잘 살았다 새기는 우리 언니들처럼 살고 싶다. 수족관에 잡혀 와 죽을 날만 기다리듯 하루를 버티며 사는 물고기가 아니라 바다에서 팔팔 뛰는 생명력 넘치는 물고기처럼. 하루가 주어짐에 감사함으로 시작하는 활기 넘치는 우리 언니들처럼 늙고 싶다.

 5시 반 언니들이 보고 싶다.
 내일부터는 다시 5시 반으로 가야겠다. 우리 언니들의 힘찬 기운을 받아야겠다.

내가 건강해야 벌어 먹고살지 핑계는 빼고

"제가 시간이 없어서요. 지금 목욕탕 다니는 것만으로도 벅차더라고요."
"몇 시에 출근하는데?"
"네? 9시요."
"내는 8시 반에 출근하는데?"
"네?"

빨간목욕탕에 다니는 것만으로도 내 몸을 아끼는 소중한 걸음의 시작이라고 생각한다. 이조차도 시간이 없다며 하지 않았던 나이기에 하루하루 성취감에 들떠 살아가고 있다. 그런 내게 '시간이 없다'라는 말은 결국 핑계일 수밖에 없음을 몸소 보여주는 언니가 등장한다.

언니들과 이제 제법 친해져 빨간목욕탕에 오면 인사하며 즐겁게 시작한다. 오늘도 옆에 앉은 영희 언니와 인사를 하며 말문을 튼다. 날마다는 아니지만 자주 오는 언니라 얼굴이 낯이 익다. 동글동글한 얼굴이라 더 친숙하다.

한창 이야기하다 다리 아픈 이야기가 나온다. 영희 언니도 다리를 수술해서 물에서 걷는 게 좋다고 한다. 동병상련을 공유하니 이야기는 물살을 탄 듯 술술 흘러간다.

"수영장 다니지?"
"목욕탕에 오잖아요. 수영장에 가도 과격하게 하는 건 안 좋대요. 어깨도 안 좋고요."
"수영장에도 걷고 하는 데가 있다. 거기서 걸어야 더 운동이 되고 좋지. 여기는 좋긴 한데 물이 너무 차가워서. 찬물에서 오래 못 걷는다아이가. 거기는 물이 미지근한 게 걷기에 딱 좋다."

맞는 말이다. 몸을 따뜻하게 데워서 가도 냉탕에서 몇 번만 걷고 나면 다리가 다시 뻣뻣해진다. 특히나 다리 경직이 잘 오기에 다리가 차가워진다 싶으면 얼른 다시 온탕으로 피난을 와야 한다. 그렇게 왔다 갔다 하며 운동을 한다. 언니 말에 귀가 솔깃하다. 하지만 수영장을 다니기 어려운 이유가 많다.

일단 거리가 여기보다 멀다. 10분 정도 더 가야 한다. 사실 마음만 먹으면 그리 멀지도 않은 거리긴 하다. 그래도 아침 시간에 10분이 어딘가. 스스로 멀어서 안 된다고 이유를 대본다. 또, 수영장은 번거롭다. 샤워하고 수영복을 갈아입어야 하고 수영을 마치고는 다시 샤워해야 하고 수영복은 날마다 빨아야 한다. 이 과정이 번거롭다.

게다가 수영장엔 온몸을 푹 담글 온탕이 없다. 온탕에서 누리는 나른함이 얼마나 행복한데. 온탕에서 사색하는 기쁨도 크다. 눈을 감고 몸을 푹 담그고 있으면 온몸이 따듯해지면서 오장육부까지 나른함이 전해진다. 머리까지 몽롱해지면서 이것저것 떠오르는 대로 생각하는 것이 큰 행복이다. 지금은 언니들과 수다 떠는 즐거움도 크다.

무엇보다 중요한 건 아침 시간이 너무 많이 걸린다. 출근해야 하는데 수영장을 다니면 다른 것은 아무것도 못 하게 될 게 뻔하다. 그러니 수영장을 다닐 수가 없다. 온갖 이유를 대며 수영장을 '못' 다닐 이유를 찾는다.

"내도 온탕에 몸 담글라고 여 안 오나. 뜨뜻하니 몸 담그고 풀어주는 건 여기서 하고 걷고 운동하는 건 수영장에서 하고. 니도 같이 가지."
"안 돼요. 출근해야 해서요. 지금 목욕탕 다녀가는 것도 바쁜데요?"

나름 아침 시간을 잘 활용하는 멋진 삶을 살고 있다 자부한다. 남들처럼 달리기나 걷기나 땀이 나도록 운동을 못하는 것이 아쉽지만 지금 내 상황에서는 이것이 최선이라 믿으며 자랑스러워하고 있다. 더 이상의 시간을 내기는 힘들다. 결론이 내려졌다.

"몇 시에 출근하는데?"
"네? 9시요."

출근 시간이 마음에 든다. 다른 사람들에 비하면 아주 넉넉

한 아침 시간이다. 하지만 이 시간에 목욕탕 다니는 것만으로도 충분하다. 그렇다고 결론을 내렸다. 목욕탕에 왔다가 수영장에 간다는 영희 언니는 분명 일하러 다니지 않는 분이라 가능하다. 나나 일반 직장인들처럼 정해진 시간에 출근해야 하면 어디 가능하기나 한 일이겠는가. 언니는 집에 있는 분이니 가능한 것이다. 이 또한 이미 내 마음속에서 내린 결론이다.

"내는 8시 반에 출근하는데? 그것도 단계까지 가야 한다."
"네?"

단계라면 여기서 30분은 족히 가야 하는 곳이 아닌가. 뒤통수를 한 대 맞은 듯 번쩍한다. 나보다 일찍, 그것도 더 먼 곳까지 출근하는데 어떻게 목욕탕에 왔다가 수영장에 갔다가 할 수 있단 말인가. 그렇다면 분명 나처럼 챙겨야 할 사람이 없는 것이다. 고등학교 2학년 아이 아침도 간단하게 차려야 하고, 학교도 데려다줘야 하고. 그러니 아침 시간에 무엇인가 더 한다는 건 무리다. 무리. 그렇게 결론이 났다.

"내는 목욕 끝나고 가면 아저씨 밥 차려주고. 내도 먹고 그거 치우고 조금 쉬었다가 수영장 가는데? 수영 끝나면 거기서 바로 출근하지."

"네?"

 놀라움의 연속이다. 하마터면 빨간목욕탕 지붕을 뚫고 튀어 나갈뻔한다. 내가 내린 결론은 자꾸 깨지라고 있는 것임에 틀림없다. 그게 가능하다는 것인가. 시간상 가능하다. 5시, 빨간목욕탕이 기지개를 켜자마자 들어와 목욕하고 집에서 밥 먹고 치워도 40분? 많이 걸려도 한 시간일 테니 7시에 수영을 가도 충분하고도 남는다. 영희 언니는 정규 초급반에 수강은 되어 있고 새로운 동작을 조금씩 배워가며 주로 물에서 왔다 갔다 걷는다고 한다. 본인 몸에 맞게 무리하지 않고 운동을 한다는 것이다. 그게 가능하다니 놀랍다.

 더욱 놀라운 것은 영희 언니 직업이 '요양보호사'라는 것이다. 요양보호사는 몸도 마음도 많이 써야 하는 직업이다. 어르신들 돌봐드려야 하는 서비스직이면서도 몸을 많이 쓸 수밖에 없다. 마음을 교류하는 정서적 지원과 여러 불편함이 없게 케어까지 해야 하는 몸도 마음도 힘든 일이다. 시간상으로도 넉넉하지 않고 힘들기까지 한 일을 하면서도 이른 아침에 자신의 건강을 위하여 이렇게 사용한다니. 놀라움의 끝이 어디인지 물음을 던진다.

"시간 없어서 못 한다는 말은 핑계지. 핑계. 할라고 하면 와 몬 해? 다 할 수 있지."

할 말이 없다. 그전에는 시간이 없고 여유도 없어 지금처럼 아침 목욕을 오는 것조차 상상하지 못한다. 일하러 다니지 않는 사람이나 출근이 자유로운 사람이나 할 수 있는 것이라 생각한다.

이미 '못 한다', '안 된다' 정해놓고서는 늘 시간이 없다고 한다. 그 모든 것이 핑계였음을 빨간목욕탕을 다니며 많이 깨닫는다. 그럼에도 영희 언니가 말한 수영장 다니는 것까지는 또 시간이 없다는 핑계를 댄다. 마음이 없는 것임을 알면서도.

"목욕탕 갔다가 수영장 갔다가 하면 안 힘드세요?"

괜히 말을 돌린다.

"힘들 만큼 하는가. 내 몸이 할 수 있는 만큼만 하지. 내 몸이 건강해야 벌어 먹고살지. 내가 아파 봐라. 누가 돈 벌어 줄 끼고. 누가 먹을 거 그냥 주나? 안 주지. 내가 건강해야 돈도 벌고 사는 기라. 그라이 건강할라고 이래 안 하나. 다리 아픈 사람들은 수영장에서 걷는 게 최고다."

묘하게 설득하는 힘이 있다. 언니가 당연한 듯 해내는 것이니 나도 할 수 있겠다는 생각이 든다. 수영장에서 왔다 갔다 걷는 내 모습이 저절로 상상이 간다. 다리 재활에 좋다는 생각이 자꾸 유혹의 속삭임을 보낸다.

하지만 선뜻 수영장에 같이 가겠다는 말을 하지 못한다. 지키지 못할 말은 하지 않아야 하기에. 지금은 빨간목욕탕에서 루틴을 만들어 하루하루 건강을 지켜나가는 게 나에게 맞다는 생각이다. 언니가 말해준 수영장에서 다리 재활하는 것도 생각해보게 된다. 자유롭게 내가 할 수 있는 만큼 하면 된다고 하니 안 된다는 생각만 버리면 가능할 것 같다.

나에게 맞는 건강법을 찾아 해나가는 것. 시간이 없다는 핑계는 하지 말고. 진정 나에게 맞는 건강법을 찾아보자. 내 몸이 건강해야 벌어 먹고살지 않겠는가.

물대포를 쏴라

"이거 한번 해봐라. 이거 하면 억수로 시원타. 허리가 다 낫는다. 똥배도 쏙 들어가가 홀쭉해진다. 이거 한번 해봐라."

나만의 목욕탕 루틴 중 하나인, 중요한 걷기를 하고 있을 때다. 냉탕에서 왔다 갔다 걸으며 운동을 한다. 물에서 걷는 게 가장 좋다고 했으니 빨간목욕탕에 다니면서 가장 먼저 한 것이 냉탕에서 걷는 것이다. 이른 아침이라 냉탕에는 사람이 없다. 어쩌다 한 번씩 한 분 정도 들어와서 수영도 하고 계단 봉을 잡고 온몸을 늘이는 운동을 한다. 또 어떨 때는 하늘에서 내려오는 폭포를 맞거나 파란 기계에서 물을 맞는다. 정말 어쩌다 한 번씩 냉탕은 내가 아닌 다른 손님을 맞이한다. 오늘이 그날이다.

"다리가 아파가 그래 걷나?"

이제 막 한쪽 벽에 다다라서 잠시 숨 고르기를 하며 쉬고 있던 내게 바로 옆에 있던 나이 많은 언니가 묻는다.

언니는 파란색 직사각형의 기계에서 물을 맞고 있다. 세찬 물줄기가 언니를 때리는데도 끄떡없다. 양쪽 팔을 뒤쪽으로 해서 안전봉을 꼭 잡고 있기 때문으로 보인다. 보는 내가 불안하다. 철봉에서 매달리기 하고 있는 아이처럼 안전봉을 잡고 있는 언니 손이 작다. 언니 몸집도 작다. 금방이라도 물줄기에 저만치 떠밀려 갈 것만 같다. 물줄기가 너무 세다.

"네. 무릎이랑 발목 수술을 해서요. 의사 선생님이 물에서 이렇게 걸으래요."
"어려 보이는데……. 그래. 물에서 이래 걷는 거 좋다."

언니는 세찬 물줄기가 아무렇지도 않은 듯 편안하게 말한다. 불안한 마음을 뒤로하고 어려 보인다는 말 한마디에 기분이 좋아 헤벌쭉 웃고 만다.

"내는 허리가 아파가 안 이라고 있나. 이거 하면 허리에 좋다. 내가 이거 해가 허리 아픈 거 싹 다 나았다."

 언니는 여전히 편안한 자세를 유지하며 말한다.

"이거 한번 해봐라. 이거 하면 억수로 시원타. 허리가 다 낫는다. 똥배도 쏙 들어가가 홀쭉해진다. 이거 한번 해봐라."

 언니가 강력하게 추천하는 이것은 냉탕의 터줏대감. 이름만큼 그 위용을 자랑하고 있는 파란색 기계. 바로 물대포이다. 중학생 남자아이 키만 한 직사각형의 기계. 맨 위에는 '물대포'라고 빨갛게 큰 글씨로 적혀 있다. 그 아래 적혀 있는 글씨.

  뱃살 제거기 · 허리 전신 마사지기

  - 뱃살의 지방제거에 효과적
  - 장운동으로 인한 변비에 도움

- 수압에 의한 피부 산소공급 및 웰빙 다이어트

오!
나에게 꼭 필요한 것이다. 이런 것이 있다니. 그동안 목욕탕에 많이 다닌 것 같은데도 이런 것이 있었는지 생각이 날 듯 말 듯 하다. 코로나 이후로 목욕탕에 다니지 않은 데다 있었어도 얼른 목욕만 하고 가기 바빴으니 냉탕 한쪽에 마련된 이 기계를 모르는 게 당연하다.

"인자 이것도 해라."

언니는 아주 귀중한 것을 넘겨주기라도 하듯, 특급 비밀을 알려주기라도 하듯 나에게 물대포 기계를 넘겨주고 나간다. 언니가 하고 간 자리에 얼른 자리를 잡는다.

앗. 시작 버튼을 먼저 눌러야 한다. 다리를 살짝 굽혀 자리 잡은 자세를 다시 풀고 일어난다. 파란 기계 위에 작은 네모로 작전 지시를 내리는 사령탑이 있다. 그곳에 또 까만 버튼이 세로로 나란히 두 개가 있다. 위에 있는 시작 버튼을 누르며 물대포 쏠 것을 명한다. 잠깐의 망설임 후 물대포는 이름에 맞는 물살을 내뿜어 댄다. 다시 자리를 잡는다. 언니는 말 끊김도 없을 정도로 편안하게 자리를 잡았는데 정작 나는 자리 잡는 것도 힘들다. 다리를 약간 굽히고 팔을 뒤쪽으로 뻗어 안전봉을 잽싸게 잡는다. 휴. 다행이다. 드디어 자리를 잡았다. 안전봉을 잡고 있어도 물살에 몸이 떠밀릴 듯 휘잉 하고 휘어지는데 나이 많은 언니는 도대체 어떻게 그렇게 편안하게 있었던 걸까? 몸집도 거짓말 조금 보태면 나 반밖에 안 되는 언니인데 말이다. 나도 오랜 시간 하면 편안해질까? 실없는 물음을 묻고 있을 때 그제야 들리는 세찬 물소리. 이름처럼 대포를 쏘아대는 소리다.

하늘에서 내려오는 폭포나 파란 기계 물대포나 물소리가 요란하다. 이것만 틀어놓으면 빨간목욕탕 안이 콰과과광 소리로 요란해진다. 마치 전쟁터에서 터지는 폭탄 소리 같다. 오던 잠도 저만치 도망가 버릴 정도로 큰 소리다. 누가 지었는지 이름 한번 잘 지었다. 물대포.

빨간목욕탕엔 이것과 비슷하게 생겼지만 크기가 좀 작은 기계 한 대가 더 있다. 그 아이는 물대포처럼 물속에 있는 것이 아니라 우리가 앉는 자리 한쪽 벽에 자리 잡고 있다. 이름하여 '자동 등밀이 기계'. 어느 순간부터 늘 보던 것이라 당연히 전국에 다 있는 줄 알았는데 부산, 경남 지역에만 있단다. 어떻게 하다 이쪽에만 있게 되었는지 궁금해진다.

물대포보다 좀 더 날씬하고 색깔은 밝은 베이지색 같기도 하고 크림색 같기도 하다. 맨 위쪽 한가운데에 작은 세숫대야 크기만 한 동그란 기계가 달려있는데 이것이 회전하면서 자동으로 등을 밀어준다. 물론, 동그란 기계에는 때수건이 덮여 있다. 언니들은 여기에 비누칠을 해서 깨끗하게 한 다음 등을 민다. 분명 '자동 등밀이 기계'지만 등만 밀진 않는다. 배는 기본이고 다리를 번쩍 들어 허벅지며 엉덩이며 팔 안쪽까지 구석구석을 자동으로 민다. 어떨 땐 보고 있기 민망한 자세가 되기도 한다. 하긴 목욕탕에서 민망한 자세가 되는 게 어디 한둘이겠는가. 19금이 될 수 있으니 여기서 그만.

콤비처럼 닮은 듯 전혀 다른 두 기계는 태어난 곳이 같다. 같은 회사 상표가 붙어 있다. 고향이 같은 두 녀석은 생김도 비슷한 듯 전혀 다르다. 직사각형이라는 것만 같을 뿐 색깔도 느낌도 완전히 다르다. 한 녀석은 부드러워 보이는 반면, 한 녀석은 무시무시하다. 한 녀석은 인기가 많아 혼자 있을

틈이 없는 반면 한 녀석은 혼자 있는 틈이 많다. 물속에서 수행하는 수도승처럼 혼자 묵묵히 자리를 지키고 있다. 어쩌다 한 명이 들어와 자신을 찾으면 보란 듯이 세차게 물줄기를 쏘아준다. 허리가 시원해지고 똥배도 쏙 들어갈 수 있게.

이날 이후, 빨간목욕탕에 루틴이 하나 더 추가된다. 물대포는 허리 협착으로 저린 다리를 시원하게 풀어준다. 허리에 맞는 물대포가 저린 다리에 시원함을 선사한다. 아, 물론 뱃살 제거로도 아주 훌륭히 사용하고 있다. 두 달이 되어가는 지금, 뱃살이 들어갔는지는 잘 모르겠지만 장운동에 좋다는 건 확실하다.

인기 많은 등밀이 기계는 전혀 사용하지 않는다. 가볍게 샤워만 하기 때문이다. 그래도 같이 수행하듯 물대포는 꼭 한다. 그런데 요즘 이 녀석이 말썽이다. 물대포를 쏘아주지 않는 날이 종종 생기는 것이다. 이름이 물대포 기계인데 물대포를 쏘지 않는다니. 이 녀석도 빨간목욕탕만큼이나 수명을 다해가나 보다. 조금만 더. 조금만 더 함께했으면 한다. 빨간목욕탕도. 물대포 기계도. 조금만 더 함께하자. 이제 막 정들었는데.

나이는 숫자에 불과하다는 진리!

온탕에 있던 나를 경숙이 언니가 부른다. 경숙이 언니는 바로 옆 미지근한 탕에서 열심히 얼굴을 마사지한다. 동그란 볼이 한 개씩 양쪽에 달려 있는 은색 마사지 도구로 볼 때마다 열심히 마사지한다.

"어여, 여 함 와봐라."
"네? 저요? 네."

나를 부르면서도 손은 계속 마사지를 하고 있다. 나는 물음에 답하며 물속에 앉은 채 엉덩이를 밀며 온탕과 미지근한 탕 경계 쪽으로 간다.

"앞으로는 우유를 이래 마이 돌리지 말고 18개만 돌리면 된다."

 분명 우유 돌리는 것에 대한 이야기로 시작했건만 어쩌다가 언니가 사는 이야기로 흘러가버렸는지 모른다. 그래도 이 날 또다시 삶의 이야기를 들었다는 것이 중요하다. 파노라마와도 같은 진한 삶의 이야기를.

"젊었을 때는 장갑 공장을 8년 하고 치킨집은 17년을 안 했나."
"네? 그럼 사장님이셨던 거네요?"
"하모. 지금처럼 다른 사람 밑에서 일해본 적이 없다."
"……."
"여기저기 아픈 데가 생기니깐 아저씨가 일 그만두고 쉬라 카데? 그래가 치킨집 다른 사람한테 넘기고 놀았다아이가. 6년을 놀았다."
"아프셨어요?"

 아프다는 말에 마음이 금세 어두워진다.

"나이가 등께 여기저기 아픈 거지 뭐."

아무 일도 아닌 것처럼 말한다. 세월이 흐르고 나이가 들면 몸이 삐꺽거리는 것은 당연하다는 것처럼.

 봄에 새싹이 연둣빛으로 빛을 발하고, 찬란한 여름 태양으로 푸르름을 더해가다, 가을 찬바람에 제대로 익어 제 색깔로 멋을 내는 것이 당연한 것처럼! 나이 듦에 아픈 곳이 생기는 것은 지극히 자연스러운 것이라고 말한다.

 불과 얼마 전까지만 해도, 정확히는 서도밴드를 만나기 전까지는, 아픈 곳이 생기면서 무척이나 우울했다. 세상 다 산 사람처럼 '우울'이라는 우물 속에 빠져 허우적댔다. 아무것도 보이지 않았다. 태양도 바람도 하늘도. 그저 어둡고 긴 터널을 지나듯. 끝나지 않은 어둠 속을 걷듯. 그렇게 우울과 한 몸이 되어 뒹군다. 그래서인가. 너무도 담담히 아파서 해오던 일을 그만두었다는 경숙이 언니의 말이 오히려 내 마음을 어수선하게 한다. 알 수 없는 마음이 잔잔한 물결이 되어 온몸으로 퍼져 나간다.

 "벌만큼 벌어놨응께 놀아도 안 되겠나 하고 실컷 놀았다. 근데 다르더라. 벌면서 쓰는 거랑 놀면서 쓰는 거랑 완전히 다르데."

"……."

"한 6년은 놀았제? 처음에는 아저씨하고 놀러 다니고 좋았제. 평생 일해서 모아놓은 돈, 뭐 하겠노 싶어가 실컷 쓰고 안 다녔나. 좋은 데 구경 다니고 비싼 거 묵으러 다니고. 처음엔 진짜 좋더라."

그때를 생각하시는 건지 얼굴에 웃음이 가득하다. 좋은 생각이 떠오르면 저절로 웃게 되는 것이다. 그 웃음에 나도 덩달아 웃게 된다.

"근데 아니더라. 버는 거 없이 쓰고 다니니깐 돈이 순식간에 없어지더라. 돈이 팍팍 줄어드는 게 눈에 빤하게 보인다 아이가. 그때부터 사람 마음이 조급해지고……."

잠시 멈춘다. 나도 멈춘다.

"놀아도 편치가 않더라. 놀러도 안 다니게 되고. 나가면 다 돈이니깐. 집에만 있고. 그러니깐 사람이 없던 병도 더 생기더만."

그때를 떠올리는 걸까. 이내 심각해진다.

"내 지금은 남 밑에서 일해도 마음이 편타. 돈도 거 뭐꼬. 예전에 벌던 때 생각하면 이게 버는 건가 싶제. 그래도 좋다. 내가 벌어가 쓰니깐 이제 사람 사는 거 같다. 내가 평생 안 해본 청소일을 다 안 하나. 이제 2년 다 됐다. 그래도 마음이 편한께 이제 살겠다."

그제야 다시 밝아진다. 아무 말도 못 하고 그저 고개만 끄덕인다.

"내는 61! 아저씨하고 여덟 살 차이 나니깐 우리 아저씨는 69!"

갑자기 얼굴이 환해진다. 보통은 자식들 이야기하면서 밝아지고 남편 이야기할 땐 얼굴이 이내 어두워졌던 것 같은데……. 물론, 경숙이 언니는 자식들 이야기할 때도 자랑스럽게 이야기한다. 얼굴이 밝아지면서 말이다. 지금은 그때보다도 얼굴이 더 밝다. 목소리 톤도 더 높다. 말 사이사이에 자랑스러움과 신남이 가득하다.

"우리 아저씨는 뭐 배우는 거 좋아해가지고. 거 안 있나. 아이들 이래 만지고 하는 거. 슬라임인가 하는 거. 그거 자격증도 다 땄다아이가. 아이들을 좋아해가. 그걸로 뭐할라 카는지. 컴퓨터도 잘한다. 나이는 숫자에 불과하다고 하제? 그거 우리 아저씨보고 하는 말 아이가. 작년에는 대형 버스 면허증도 안 땄나. 낼모레면 70인 사람이."
"진짜 대단하시네요!"

놀랍다. 배움에 끝이 없다고 하지만 아닌 게 아니라 곧 70인 사람이 대형 버스 운전면허를 따서 뭘 하시겠다는 건가. 이건 그냥 배우고 싶다고 해서 되는 것도 아닐 텐데 말이다.

"나이가 있으니깐 뭐 검사 같은 것도 많이 하고 더 까다롭다 카데. 그래도 공부해가 작년에 안 땄나. 그거 따서 뭐 할 건가 했더만. 지금 유치원에서 아이들 태우는 거 안 하나."
"네? 정말이세요?"

죄송하다. 믿을 수가 없어서 나도 모르게 튀어나온 말이다.

"하모. 처음에는 학교에서 운전기사가 빠질 때 땜빵하는 거

있제? 그거 한 번씩 가더만 운전 잘한다고 어째 소문이 났는
가 지금은 유치원 차 안 모나. 이제 두 달 다 됐다."

 자식 자랑보다 더 자랑스럽게 말한다. 얼굴에 반이 다 입
이 될 정도로 웃는다. 함박웃음이라고 하던가? 환한 웃음에
나도 따라 웃게 된다. 목소리도 최고조에 달한다. 목욕탕 안
에 있는 물방울들이 다 신난 듯 큰소리로 웃는다. 덩달아 나
도 신난다.

"아고마. 시간이 저리 돼 뻤네! 이야기하다가 시간 가는 줄
몰랐다. 인제 가야 된다."

 그렇다. 나도 가야 된다. 이야기에 빠져 시간 가는 줄 몰랐다.

"다음부터는 우유 18개 사면 된다. 알았제?"
"네!"

 마지막까지 한 번 더 당부를 하고 간다. 나도 얼른 일어나
마무리를 한다.

나이는 숫자에 불과하다!

누가 이런 명언을 한 것일까?

나이 20에는 어른이 되었다는 두려움과 설렘이 공존했고 나이 30에는 '달걀 한 판'이라며 뭔가 온전한 나이라고 생각했다. 그때 당시로는 '인생 반'은 살았다며 괜히 어른의 비애 같은 것을 느끼며 맞이했던 기억이 난다. 나이 40에는 내 나이를 믿을 수가 없어 거부했다. 사람들이 나이를 물으면 결혼한 나이, 아이를 낳은 나이를 거슬러 올라가 손가락으로 하나, 둘 헤아리며 말했다. 그때도 숫자 '40'은 떠오르지 않고 "서른아홉인가? 나이를 모르겠네?"라며 어벌쩡 제 나이를 넘겨버렸다.

일부러 피한 것은 아니다. 지금 생각해도 미스터리다. 정말로 '마흔 살'이 떠오르지 않는다. 무의식이 40을 거부했다고 밖에 생각되지 않는다. 그것도 41살이 되고서야 든 생각이다. 지독히도 40을 받아들이지 않았다. 왜인지는 모른다. 그때도 지금도 그 이유를 알 수가 없다.

드디어 50! 오히려 50은 담담히 받아들인 듯하다. 어디 가서도 나이를 물으면 "올해 오십이에요."라며 대답을 잘하고 다닌다. 그런데 50이라고 말하는 순간, 나는 늙은이가 되어 버린 기분이다.

'이제 50이구나! 앞으로 얼마나 더 살 수 있을까? 이젠 살아온 날보다 살아갈 날이 더 짧겠지? 건강하게나마 있다 가면 좋겠는데……'

혼자 침울해진다. 스스로가 '늙었음'을 말하고 나니 더 늙어지는 것만 같다. 그런데 아니다. '50'은 한참이나 '어린 나이'이다. 우리가 젊은 사람들을 보며 "젊어서 좋겠다. 뭐든지 다 할 수 있고 얼마나 좋아!"라며 말하는 것처럼 50인 내게 빨간목욕탕 언니들은 "어려서 좋겠다. 한창때네!"라고 말한다.

이제 얼마 안 있으면 70이 되는 나이에 대형 운전면허를 따서 하고 싶은 일을 하는 어르신에게 나이 50은 정말로 '어린 나이'이다. 그 어떤 것도 다 할 수 있는. 하고 싶은 것을 찾아서 해 볼 수 있는 그런 나이이다.

나이는 숫자에 불과하다.
진리다!

주어진 대로 살아! 깨달음은 한순간에 오는 것!

"주어진 대로 사는 기다. 주어진 대로!"
 언니가 남기고 간 한마디에 왜 그리 눈물이 나는지 모르겠다.

 미라클모닝을 시작하고 얼마 되지 않았을 때이다. 아직은 이른 아침을 연다는 것이 익숙하지 않은 것인지 '벌떡!'하고 깨서도 '멍'하니 앉아 있다 제대로 못 했던 날이 있다.

 그날도 알람 소리에 '벌떡'하고 깬다. 진짜 벌떡!
 일어나면 제일 먼저 자리에 누워 손발 털기랑 스트레칭을 해야 하는데 그것도 잊어버리고 벌떡 일어나버린다. 그리고 멍하니 앉아 있다 어제 답을 못한 블로그 댓글에 답글을 달고 있는 나를 발견한다. 한참을 그러고 있다 고개를 들어보니 아이쿠야. 빨간목욕탕에 가기 위해 출발해야 할 시간이 훌쩍 지나 있다. 부리나케 뛰쳐나간다.

빨간목욕탕에 가기 전에 손발 털기랑 스트레칭으로 잠자던 세포를 깨우고 그날 주어지는 명상 말씀을 읽고 간다. 그러면 온탕에 앉아서 그날 주어진 말씀을 떠올릴 수 있어서 좋다. 오늘은 엉뚱한 일을 하다 늦고 말았으니 당연히 세포 깨우기도, 명상 말씀을 읽지도 못한다. 출발하기 전 밖에 나와서는 하늘도 보고 바람도 느끼고 공기도 맞으며 하는 이른 아침과의 인사도 하지 못한다. 정신 차리자마자 목욕 가방만 얼른 들고 쫓아 나온다.

'헐레벌떡'이라는 표현은 이럴 때 쓴다. 평안하게 들숨 날숨을 느끼는 게 뭔가. 내 숨소리가 어떤지도 느끼지 못한 채 쏜살같이 나가기 바쁘다. 이른 아침의 기적과도 같은 여유는 그 어디에도 없다.

멍하니 가다 신호에 걸려서야 빨간목욕탕을 지나쳐 평소 출근하던 길로 들어섰음을 안다. 목욕탕에는 평소보다 조금 늦었을 뿐인데 내가 앉던 자리에 누가 앉아 있다. 며칠이지만 고정석처럼 늘 앉던 내 자리에 말이다. 시골 작은 목욕탕이라 그런지, 낡은 목욕탕이라 그런지 수압이 낮아 물이 잘 나오지 않는 곳이 제법 있다. 수압 높은 곳을 3일 만에 찾아내 내 자리로 찜해두었건만 그새 다른 할머니가 앉아 있다. 처음 보는 할머니다.

'빈자리도 많은데 왜 하필 내 자리에 앉아 계신 거지?'

엉뚱한 불만을 안고 안쪽에 자리를 잡는다. 늦은 건 난데 괜히 다른 이를 원망하는 나를 본다. 말 그대로 엉뚱한 원망임을 안다. 아는데도 마음이 그치지를 않는다. 자꾸만 바깥으로 원망을 쏟아내고만 싶다.

멍청하게 아침 시간을 보낸 것도, 그래서 평소 누리던 이른 아침의 여유를 누리지 못한 것도, 빨간목욕탕을 지나쳐 다시 되돌아온 것도, 물 잘 나오는 자리가 없어진 것도 모두 다 내 탓인데. 괜한 마음에 다른 이를 찾아 원망하는 나를 본다. 어리석음을 알면서도 마음이 제 마음대로 흘러간다.

도저히 몸이 따라주지 않아 오늘은 냉탕에서 운동할 것은 엄두도 못 내고 온탕에서 근육만 풀어준다. 온탕에 앉아 이런저런 생각에 빠진다.

명상 말씀을 읽고 오지 않아 오늘 주어진 말씀이 무엇인지 모른다. 답답하다. 평소였다면 이 시간에 명상 말씀 떠올리며 하루를 어떻게 보내야겠다 다짐도 하고 글은 어떻게 써야겠다 정리도 하는데 그것을 못 하니 뿌연 안개 속에 앉아 있는 것처럼 답답하다. 꼭 빨간목욕탕 거울 같다. 물때로 얼룩져 아무리 씻어내고 닦아내도 얼굴이 뿌옇게 얼룩덜룩 보이는 빨간목욕탕 거울처럼 마음이 뿌옇기만 하다.

무엇이었을까.
무엇이었을까.

그러다 다시 생각한다.

아침에 일어나 몸풀기를 못 했지만 어제 답하지 못한 댓글에 답글을 달며 블로그 이웃분들을 만나서 좋지 않은가. 아침 인사를 길게 하진 못했지만 그래도 아침을 느끼며 시작하지 않았는가. 빨간목욕탕을 지나쳤지만 다시 되돌아왔으니 됐지 않은가. 비록 조금 안쪽이지만 찾아놓은 자리보다 물이 더 잘 나오는 곳에 앉게 되었으니 좋지 않은가.

 이제야 마음이 평안해짐을 느낀다. 엉뚱한 방향으로 흐르던 마음이 다시 제자리로 돌아오는 것을 느낀다. 그것이면 된다. 이제야 제 마음으로 돌아왔음에 감사하다.

 마음이 제자리를 찾아서인가. 가장 중요한 깨달음이 나를 기다리고 있다. 목욕을 마치고 나와서이다. 먼저 나와 있던 수빈이 언니와 세신사 언니가 이야기를 나누고 있다.

"거 안 있나. 퇴직해가 농사 쪼매 짓고 살던 젊은 부부."
"70 안 된 그 부부?"
"그래 그 젊은 부부가 연지 목욕탕에서 아저씨가 쓰러져가 이제 목욕탕에 안 온단다. 그라고는 우찌 됐나 모르겠네."
"아직 70도 안 됐는데?"

여긴 70이면 젊은 나이다. 그러니 난 어린 것이었음을 다시 깨닫고 좋아한다. 마음이 또 엉뚱한 곳으로 가 이번에는 웃고 만다. 목욕탕에서 쓰러져 더 이상 소식을 모른다는 '젊은' 부부 분들에게 큰 탈 없기를 마음속으로 빈다. 그러니 너무 나무라지 말기를 바란다.

옆에 있던 언니가 지금 남편분이 밖에서 기다려서 빨리 챙겨야 한단다. 목욕을 마치고 밖에 가보면 할아버지들이 긴 의자에 나란히 앉아 있다. 부부가 함께 와서 먼저 목욕을 끝내고 그렇게 기다리고 있었음을 알게 된다.

"우리 영감이 밖에 기다리는 영감들 중에 제일로 나이가 많을 거구만."
"연세를 여쭈어도 될까요?"
"내? 내는 84. 영감은 87."
"우와! 정정하고 좋으세요. 같이 목욕도 다니시고. 너무 좋으시네요?"
"나이는 그래도 사위랑 옷을 같이 입을라 안 하나. 나가면 인기가 좋다!"
"와아."

"같이 일하고 드가도 내는 밥해야 되는데 밥도 안 했는데 밥 내놔라고. 성질이 급하다. 내한테만 그라지 나가면 잘한다. 그라니 인기가 좋지. 하하하."

언니 얼굴엔 웃음이 한가득이다. 그러면서 내게 한마디 하고 간다.

"주어진 대로 사는 기다. 주어진 대로."

이건 뭐지? 언니는 이 말을 남기고 내일 만나자고 하고는 간다. 가고 난 자리에 남겨진 말.

"주어진 대로 살아라!"

왜 그 말 한마디에 눈물이 나는지 모르겠다. 마음의 방향을 모른 채 돌아온다. 그저 먹먹함만 가지고 돌아온다. 이유도 모르는 눈물을 매단 채 돌아온다. 그렇게 돌아와서 오늘의 명상 말씀을 읽는다.

지금 그대로 괜찮단다

조금 지쳐도 괜찮단다

나야 참 사랑스럽단다

나야 참 고맙단다

지금 울어도 슬퍼도 좌절해도 괜찮단다

잠시뿐이라고

모두 흘러간다고

나는,

그렇게 예쁘고 소중한 존재란다.

-『인생을 바꾸는 100일 마음 챙김』중에서

깨닫는다. 오늘 나에게 주어지는 말씀은 책 속에서만 존재하는 것이 아니다. 매 순간, 살아가는 그 순간순간 내 곁에 존재함을 깨닫는다. 마음의 방향은 결국 내가 만든다. 결국 깨달음은 한순간에 찾아온다.

지금 이대로 주어진 것에 감사하며 살라고 말해준다. 깨달음은 우리가 쉬는 숨 속에 존재한다고 말해준다. 마음은 결국 내가 만든다.

 시골 작고 낡은 빨간목욕탕.
 이른 아침 달목욕하며 얻게 되는 많은 것들. 나에게 주어진 선물이다.

 빨간목욕탕은 기특하다는 듯 웃는다. 아무리 웃어도 괴기스럽게 찡그려지는 얼굴이면서!

남겨지는 것들

"아이고. 내는 그래 몬 한다. 사람이 아닌 기라. 사람이."

5시 반 언니들이 보고 싶어 최대한 일찍 오려고 한다. 빨간 목욕탕에 다니는 아침 루틴이 조금씩 익숙해지면서 꾀를 부리고 싶어지는 요즘이다. 늦게 오기도 하고 빠지는 날도 많다. 부쩍 추워진 날씨에 이불 속의 유혹이 더없이 강렬하다는 핑계를 댄다. 사람이 변하는 게 쉽지 않다고 하더니 예전처럼 느지막하게 일어나는 아침이 그립다. 그것을 여유라 포장하려는 유혹이 끊이지 않는다. 게으름이고 나태함이었던 지난날을 되풀이하고자 하는 유혹에서 빠져나오고 싶다.

병원을 제집처럼 드나드는 삶에서 벗어나고 싶다. 아프다고 노래를 부르고 아파서 우울한 건지, 우울해서 아픈 건지 알 수 없는 수레바퀴에 빠져 날마다 무거운 채로 살고 싶지 않다. 웅덩이에 빠진 수레바퀴처럼 빠져나가려고 발버둥 칠수록 진흙만 온 사방에 다 튈 뿐 바퀴는 그 자리에 맴돈다. 출구가 보이지 않는 긴 터널에 갇힌 것처럼 앞이 캄캄하다. 어둠은 두려움에 떨게 한다. 그렇게 살고 싶지 않다. 그렇게 다시 돌아가고 싶지 않다. 남은 삶 동안은 아프다는 말 안 하고 살고 싶다. 몸도 마음도 건강하게 살다 가고 싶다. 간절하다.

 간절함이 부족한 걸까. 예전의 삶으로 돌아가고 싶지 않다고 외치면서도 내 몸은 착실하게 예전으로 돌아가고자 한다. 5분만. 10분만. 오늘 하루만. 추워서. 비가 와서. 깜깜해서. 온갖 핑계를 대며 시간을 늦추고 심지어 빨간목욕탕 가는 아침 루틴을 깨지도록 한다. 한 번 배인 습성을 고치기가 쉽지 않다는 것을 깨닫는다. 50평생을 나를 돌보지 않고 게으르게 살아왔으니 이것을 고치기가 쉽겠는가. 어디선가 66일이 지나면 새로운 습관이 형성된다고 하는데. 두 달이 지나도록 예전 습성이 올라오는 것을 보면 지난날 지독히도 나태하게 살았나 보다.

5시 반 언니들이 보고 싶다. 5시 반 언니들이 필요하다. 지금 이 수렁에서 건져줄 5시 반 언니들이 간절히 보고 싶다. 5시 반 언니들의 에너지를 받고 싶은 무의식이 다시금 일어나게 한다. 빨간목욕탕에 오니 이제야 산다. 언니들을 보니 이제야 살겠다. 역시 언니들의 에너지가 나를 살린다.

"거도 안 보이네?"

 마사지 단짝 복희 언니, 진아 언니다. 항상 나란히 앉아 천연 마사지 곡물 크림을 만들어 온몸에 정성껏 바르는 언니들. 두 분 다 80이 넘었지만 나보다 더 생생하다. 아무리 생각해도 숫자 나이는 내가 막내지만 몸 나이는 내가 더 많을지도 모르겠다. 실화다. 그 정도로 언니 둘은 건강함을 자랑한다.

 언니 둘은 월요일, 목요일에만 오는 할머니가 보이지 않아 이야기하고 있다. 안 그래도 볼 때마다 밝게 웃어주는 언니라 안 보여서 걱정하던 차다. 키도 작고 얼굴도 작고, 머리가 하얗지 않다면 할머니라고 안 볼 정도로 자그마한 체구는 귀엽고 어리게 보인다. 천진한 듯 밝게 웃는 웃음 때문에 더 어리게 보였는지도 모르겠다.

"고생 마이 했지. 시장통에서 떡집 하면서 자식들 서울로 다 안 보냈나. 자식들이 공부를 잘 해가. 지금은 다 교수고 의사다. 며느리도 교수라제?"
"하모. 자식들 잘 키웠제. 사람이 참 심성이 고와가 좋더만. 쪼맨해갖고 뽈뽈거리면서 장사 참 잘했제. 그라이 자식들이 저래 잘 안 컸나."
"사람 참 좋다. 잘 웃고. 화내는 거 한 번 못 봤다. 오늘은 와 안 왔을꼬?"

평소에는 서로 인사만 할 뿐 이야기 나누는 모습을 보지 못한다. 그래도 서로가 다 아는 것을 보면 빨간목욕탕이 생기기 전부터 이곳에 살았다는 언니들이 맞다. 5시 반 언니들은 이렇게 오래전부터 이곳에서 살았던 분들이 많다. 빨간목욕탕 탄생을 지켜보며 축하했고 자신들보다 빠른 속도로 자라 이제는 함께 늙어가는 빨간목욕탕과 마지막까지 함께한다.

"거 아도 안 보이네. 니 오기 전에 막내. 허연아 안 있나? 얼굴도 동글동글하고 안경 끼고."

"아, 경희 언니요? 알아요. 요즘 장애인 엄마랑 강 건너 목욕탕 간다고 여기 못 온대요."

나도 아는 게 있다고 자랑하듯이 얼마 전 알게 된 사실을 말한다.

"다른 날은 장애인 엄마랑 목욕탕 가고 목요일에는 여 오는데."

역시 언니들이 아는 것이 더 많다. 아는 척한 마음이 '쏙' 하고 들어가 버린다.

"그 아가 보통아가 아니다. 작년에가? 언제고? 걷기 대회 하거든. 여 강변 따라 쭉 걷는 거. 거기서 청소기. 자동으로 청소하는 거 그거 상품 탔는데 자기는 집에 있다고 거기 온 다른 장애인한테 줘삐데? 내는 그래 몬 한다. 집에 있어도 새거 좋은 건데. 그걸 남한테 우째 주노. 내는 그래 몬 한다."

진아 언니가 이렇게나 흥분하며 말하는 모습을 처음 본다. 쌍꺼풀 수술을 해서 웃으면 커다란 쌍꺼풀로 더 예쁘게 웃음 짓는 언니다. 예쁜 언니가 이렇게나 흥분하며 말하는 모습을 처음 본다.

"지난번에는 어디고? 농협에서 추첨하는 거 뽑아가 쌀을 안 탔나. 그거를 아를 줘삐데. 지도 농사도 안 짓고 쌀 사묵으면서 그거를 자기는 괜찮다고 어떤 아를 줘삐데. 사람이 아닌 기라. 사람이. 사람이 우째 그랄 기고. 내는 몬 한다. 내는."

옆에 있는 언니도 거든다. 남동생이 스님으로 있는 절에서 밥도 해주고 여러 일을 한다는 복희 언니다.

"아가 참 참하데. 남편이 목사 아이가. 쪼맨한 교흰데 목사하면서 어려운 사람 많이 도와주고 그란다. 젊은 사람들이 참 착하게 안 사나. 복 받을 기야. 복 받을 거야."

나에게 감동을 줬던 경희 언니가 교회 목사 사모님이라는 것을 알게 된다. 교회에서 보통 목사님 아내를 '사모님'이라고 부르니 경희 언니가 교회 사모님이다. 언니는 장애인 엄마 돌보는 일을 하고 남편분은 돈도 안 받고 평생을 장애인들과 함께한다더니 그 말이 이제야 이해가 되는 순간이다.

"목사라고 다 좋은 일 하는가? 사람이 좋응께 그래 남을 돕고 사는 기지. 부부가 똑같아가지고. 복 마이 짓고 안 사나."

경희 언니 칭찬에 시간 가는 줄 모른다. 그렇게 우리는 목요일에 만나야 할 언니들을 만나지 못한 아쉬움을 달랜다.

사람이 없는 자리에 사람이 남는다. 문득 헬메 하이네의 『나의 영원한 세 친구』가 떠오른다.

우리는 '머리 교수님', '사랑마음 아주머니', '뚱보배 아저씨'와 함께 태어난다. 세 사람은 앞서거니 뒤서거니 하며 평생을 나와 함께 살아간다. '뚱보배 아저씨'는 마지막 순간 나와 함께 흙으로 돌아간다. '머리 교수님'과 '사랑마음 아주머니'는 세상에 남겨진다. 어떤 형태로든.

세종대왕 하면 한글 창제가 떠오르는 것은 '머리 교수님'이 남겨진 것이다. 마더 테레사 수녀를 떠올리면 그분의 아름다운 마음이 전해지는 것은 '사랑마음 아주머니'가 남겨진 것이다. 우리가 살아서 한 모든 것들은 어떤 형태로든 남겨진다. 좋은 모습으로 남겨지든 나쁜 모습으로 남겨지든. 어떤 모습으로든 남겨진다는 것.

 사람이 없는 자리에 사람이 남는다. 나는 어떤 모습으로 남겨질 것인가. '여유'라는 포장 안에 게으름과 나태함으로 하루하루 그냥 살아가는 필이의 모습으로 남겨질 것인가. 자기 자신을 사랑하며 돌볼 줄 아는 사람으로. 그런 사람만이 남도 사랑하고 돌볼 줄 알게 된다는 진리를 실천하며 살아가는 필이의 모습으로 남겨질 것인가. 후자이고 싶다.

 역시 5시 반 언니들이 좋다. 빨간목욕탕이 좋다. 마지막 순간까지 제 손으로 밥해 먹고 제 손으로 뒤처리하며 살다 가기를 바란다. 잘 죽기 위해 오늘도 자신을 사랑하며 챙길 줄 아는 5시 반 언니들이 좋다. 빨간목욕탕이 좋다.

에필로그

갑자기 닥쳐온 죽음과도 같은

"처제, 놀라지 말고. 어머니 가셨다."

이 한마디는 지금도 잊히지 않는다. 머릿속에 각인된 채 영원히 함께할 것임을 안다. 아마도 내 몸이 흙이 되는 날, 그 마지막까지 함께할 것이다. 하나의 존재로 엄마 배 속에 잉태되었듯 하나의 존재로 가이아의 품속으로 돌아간다. 아빠가 가셨던 그곳, 큰오빠가 머무는 그곳, 나의 엄마가 계신 그곳으로 가는 그날까지 심장에 피로 새겨진 채 나와 함께할 것이다.

오랜만에 빨간목욕탕을 찾는다. 주말에 일정이 있어 서울에 다녀오고 금요일은 어쩌다 빠져 버려 자그마치 4일 만에 온 것이다. 멀리 여행 갔다 집에 돌아온 것처럼 빨간목욕탕이 반갑다. 벌써부터 뜨끈뜨끈한 온탕에 몸을 담글 생각을 하니 몸이 좋다고 춤을 춘다. 몸에 붙어 있던 세포들이 신난다며 노래를 부른다. 발걸음이 통통 튄다. 몸이 이렇게나 가벼웠었는지 놀랍다.

"안녕하세요."

여느 때처럼 큰소리로 인사하며 목욕 바구니가 있는 사물함으로 간다.

"아이고, 왔네. 와 이제 오노!"

사물함으로 향하던 발걸음이 우뚝 멈춘다. 그리고 희자 언니가 늘 앉아 있는 작은 공간으로 몸을 돌린다.

"어? 언니가 아니네요? 언니 어디 아프신 거예요?"

한동안 이 시간에 동생인 덕자 언니가 있었던 이유가 희자 언니가 아팠기 때문이라고 한다. 며칠이 지나 다른 분이 앉아 있어 놀랐더니 그 이유를 설명해준다. 빨간목욕탕에 다니며 알게 된 것이 있다. 희자 언니가 문을 열고 9시쯤 되면 동생인 덕자 언니와 교대를 한다. 점심시간이 되면 희자 언니가 도시락을 싸 와서 같이 점심을 먹는다는 것까지 알게 된다. 그러니 이 시간에 동생인 덕자 언니가 있다는 것은 희자 언니가 아프다는 생각을 자동으로 하게 한다. 마치 '띵동' 벨이 울리면 자동으로 "누구세요?"라는 말이 튀어나오듯이 말이다.

"어데. 언니는 안에 있다. 탕에 물 잠그러 드갔다."
"물을요?"

 온탕에 찬물을 잠가 놓는다는 건 알고 있다. 어떤 사람은 물이 차갑다고 뜨거운 물을 틀고 또 어떤 사람은 물이 뜨겁다며 찬물을 틀고. 그런 걸 예방하기 위해 온탕에서만큼은 찬물이 나오지 않게 해놓는다. 아침에 어느 정도 온도를 맞추고 나면 잠가 놓는다. 시간이 지나 물이 식으면 뜨거운 물로 다시 온탕을 만들면 되기 때문에 찬물을 잠가 놓는 것에 대해 불편함을 호소하는 사람은 한 명도 없다.

"말도 마라. 야단났었다. 어제 따신 물이 안 나와가지고 손님도 못 받고 다 돌려보내고. 목욕탕 문은 와 열었냐고. 무신 놈에 욕은 그렇게나 하는지."

 당연히 찬물을 잠가 놓으러 간 줄 알았는데 그것이 아니다. 일요일이라 아침부터 손님들이 많았고 오후에도 손님이 계속 오는데 나중에 뜨거운 물이 나오지 않았다고 한다. 빨간목욕탕 보일러도 빨간목욕탕 만큼 낡고 늙어버려 많은 사람을 한꺼번에 감당하기에는 벅찼나 보다.

"보일러 고치는 거 한두 푼도 아니고. 이 건물 다 뜯어삐고 다시 지을 건데 지금 고장 나면 바로 문 닫아야 안 되나. 달 목욕하는 사람이라도 받아야 항께 문은 열어야 되고. 물을 조금씩 아껴 써야 안 되겠나."
"네? 이 목욕탕이 없어진다고요?"
"낡아가 다시 지어야 안 되겠나. 새로 싹 짓는다네?"

갑자기 닥쳐온 폭풍우에 휘말리듯 정신을 차릴 수가 없다. 빨간목욕탕이 없어진다니. 두 달 넘게 다니면서 있는 정 없는 정 다 들어버린 빨간목욕탕. 아파트에 떠밀려 사라진 고향집이 되었고, 언제나 나를 기다려주던 엄마가 있던 친정집이 되어준 빨간목욕탕이다. 힘들 때면 더 생각나고 다녀가면 힘을 얻는. 내게는 세상 살아갈 힘을 주는 마법의 물을 지닌 곳이 바로 이곳 빨간목욕탕이다. 이곳에서 만나는 인연 모두 한솥밥을 먹는 식구가 되어 너무 소중해져 버렸다. 힘들고 아플 때면 더 엄마가 보고 싶어지는 것처럼 그렇게 빨간목욕탕을 찾는다.

 그런 빨간목욕탕이 사라진다니. 감당할 수 없는 사실을 알게 되면 아니라고 부정하게 된다고 한다. 말도 안 된다면서 덕자 언니가 잘못 알고 있는 것이라며 부정한다.

 다시 묻는다.
 대답이 같다.

 빨간목욕탕은 2층이다. 1층엔 여탕이 있고 2층엔 헬스장이라고 해야 할지, 알 수 없는 작은 운동시설이 있고 그 옆엔 남탕이 있다. 시골이라 남탕을 이용하는 사람은 대부분은 할아버지인데 할아버지들이 2층 계단을 다니기 힘들다는 것이 빨간목욕탕을 없애는 가장 큰 이유라고 한다. 거기에 시설이 낡아 덜커덩거리는 보일러처럼 여기저기 삐꺽삐꺽 고장 나는 것이 많은 것도 큰 이유다.

새롭게, 넓게, 좋게 지어지는 것은 좋지만 빨간목욕탕이 사라진다니. 여전히 그 사실을 받아들일 수가 없다. 충격에서 빠져나올 수 없어 멍한 상태로 서 있는다.

"아고. 왔네. 어디 갔었노? 오늘도 안 오면 전화할라 했다."

큰 주인 희자 언니가 반가움이 가득 묻은 목소리로 말한다. 이렇게 크게 말하는 것을 처음 봤다. 항상 작은 공간에 앉아 나지막한 목소리로, 하지만 웃는 모습으로 "어서오이소."하던 작고 귀여운 언니다. 얼마 전 파마를 해서 너무 귀여우시다고 했더니 짧은 머리 파마 처음 해봤다며 좋아하던 언니다. 이렇게나 큰 소리로 혼내듯 반겨주니 순간 당황하고 만다. 이번엔 예상치 못한 반가움에 또 놀라고 만 것이다.

"서울 갔다 왔단다. 언니야, 우유 챙겨놨다며? 그거 꺼내 주라."
"네? 우유요?"

 이번에도 또 다른 놀라움에 목소리가 높아진다. 우유를 돌리며 정을 더욱 돈독히 하는 정예부대는 토요일, 일요일은 빠지는 사람이 많아 우유를 돌리지 않는다. 평일이어도 그날 빨간목욕탕에 오지 않으면 먹지 못하는 것도 당연하다. 그러니 내 몫의 우유가 있을 리가 없다.

"금요일 거. 우리 언니가 자기 거 챙겨 놨다 아이가. 올 거라고."
"네?"

 놀라움은 극에 달한다. 아마도 지금 내 상태를 보면 머리가 쭈뼛쭈뼛 하늘을 향해 뻗쳤고 눈은 땡그랗게 커져서는 동그랗게 잘 구힌 달걀 노른자처럼 되어 있을 것이다.

3일이다. 3일. 빨간목욕탕에 오지 않은 건 고작 3일이다. 그사이에 늙고 낡아버린 보일러가 겨울바람 피해 온 손님들을 감당하지 못해 단수라는 극단의 조치에 들어갔다. 둥지처럼 언제라도 오면 편안한 안식이 되어주던, 다시 살아갈 힘을 주던 빨간목욕탕이 사라진다고 한다.

 죽어가는 나를 살린 것이 빨간목욕탕이다. 하루하루 살아갈 힘을 주는 생명의 원천이 빨간목욕탕이다. 목숨줄과도 같은 빨간목욕탕이 사라진다는 사실이 받아들여지지 않는다. 지금 이 글을 쓰는 순간에도 받아들여지고 싶지 않은 무의식을 느낀다. 그랬기에 이 글을 쓰기까지 일주일이 걸린다. 계속 글을 쓰지 못하게 밀어내는 나를 어떻게 할 수가 없다.

 3일이다. 3일. 빨간목욕탕에 가지 않은 건 고작 3일이다. 그 3일 내가 오지 않는다고 걱정해주는 이들이 있었음을. 내가 꼭 올 거라고 우유를 챙겨 놓은 이들이 있었음을. 누가 이렇게 걱정하며 기다려준다는 말인가. 식구다. 함께 밥을 먹고 함께 살아가는. 함께 웃고 함께 우는. 식구다. 그러니 어찌 빨간목욕탕을 보낼 수 있겠는가. 아직은 모르겠다.

빨간목욕탕이 사라진다는 소식은 이른 아침, 번개에 맞은 것만 같은 충격을 준다. 머리로 번개가 관통하여 지나간 것만 같다. 준비할 틈도 주지 않은 갑작스러운 소식이라 그 충격이 더 크다.

엄마의 죽음이 이른 새벽 갑자기 닥쳐와 걷잡을 수 없는 폭풍에 휘말렸듯. 믿을 수 없다며 울부짖던 그때처럼. 아직은 빨간목욕탕을 보낼 수 없다.

아직, 끝나지 않은 이야기

흉터와 엄마, 그리고 빨간목욕탕

 빨간목욕탕. 넌 뭐냐? 무엇이길래 이리도 눈물을 흘리게 만드냐. 아무도 모르게 하늘을 바라보며 운다. 눈물이 바람에 날려 하늘까지 올라간다. 구름과 만난 눈물은 비가 되어 내린다. 눈물이 비가 되고 비가 다시 눈물이 되어 하염없이 그렇게, 그렇게 흘러내린다.

 나에게는 흉터가 있다. 명치에서 목을 잇는 한 가운데쯤 불에 데어 일그러진 보기 흉한 흉터다. 손가락 두 개를 합친 손가락 두 마디 정도로 제법 크게 자리를 차지하고 있다. 조그마한 뾰루지로 시작한 상처였다. 점점 커지고 새끼손톱만큼 커져서야 엄마는 그냥 두면 안 된다며 나를 이끌고 산에 있는 절로 간다. 절에서는 자연치유를 해주는 스님이 계신다. 약초 액으로 주사를 놓고 균을 없애야 한다며 생으로 된 쑥뜸을 상처가 있는 자리에 올려 불을 피운다.

 생살을 태우는 고통, 지옥 불에 떨어지면 이런 고통일까. 스님에게 배운 엄마는 그날부터 집으로 돌아와 날마다 내 살을 태운다. 언니와 작은오빠가 한쪽 팔씩 잡고 큰오빠가 내 다리를 붙든다. 너무 뜨거운 나머지 발버둥이라도 치면 더 큰 일이 벌어질 것이기에.

 "차라리 내를 죽여라. 차라리 죽여도. 엄마. 아악. 너무 뜨겁다. 차라리 죽여도."

 울부짖음에도 엄마는 이를 악문다. 이것이 자식을 살리는 길이라 믿었음에. 나 또한 죽여달라는 외침에는 철저히 살고 싶다는 욕망이 불탄다. 살고 싶었기에 이 고통만 지나면 나도 남들처럼 상처 없이 살아갈 수 있을 것이기에 죽여달라는 외침 뒤에 살고 싶은 욕망을 가득 담아 울부짖는다.

아빠가 일찍 돌아가시고 엄마 혼자 우리 4남매를 키운다. 우리 집은 가난했고 병원도 흔하지 않던 시절이다. 있어도 쉽게 갈 수도 없다. 그랬기에 엄마는 수소문해서 자연치유로 유명한 스님을 찾아간다.

 지옥 불에서 산 지 한 달이 지나도 내 상처는 낫지 않는다. 오히려 더 커져만 간다. 두 달이 지나서야 스님도 더 이상 안 된다며 손을 든다. 엄마는 나를 데리고 멀리 있는 병원으로 간다. 성당에서 가난한 사람들을 위해 무료로 운영하는 병원이다. 그곳에서도 별다른 방도를 찾지 못한다. 더 이상 곪거나 덧나지 않는 약을 받아올 뿐 상처가 완전히 낫는 방법은 없단다.

 이미 커져 버린 상처는 질풍노도의 시기를 지나는 내게 콤플렉스를 안겼다. 옷을 갈아입을 때도 몰래 숨어서 갈아입어야 했고 사람을 만나는 것조차 피했다. 브이넥으로 된 옷은 입을 수도 없으며 티셔츠를 입어도 톡 하고 튀어나와 완전히 표가 난다. 선생님 허락하에 여름 교복 안에 티셔츠를 받쳐 입어야 했다. 아이들은 나만 특별대우 해준다며 시기했지만 이런 특별대우는 받고 싶지 않다.

그렇게 우울한 청소년기를 지냈다. 나중에야 알았다. 내가 켈로이드 체질이라는 것을. 상처에 손을 대면 댈수록 더 커진다는 것을. 성인이 되고 나서야 알았다. 제대로 된 큰 병원에 가서야 알게 됐다. 하지만 이미 많이 늦었다. 완전히 튀어나온 것을 조금 가라앉혀주고 벌겋게 보이기만 해도 얼굴이 찡그러지는 색을 좀 옅게 해줄 수 있단다. 그렇게 또다시 긴 여정의 치료를 받는다.

엄마는 두고두고 마음 아파한다. 처음부터 큰 병원에 갔었으면 이렇게까지 흉터가 남지 않았을 것이라고. 어떻게 해서든 돈을 마련해서 큰 병원에 갔어야 했다며 내게 미안해한다. 흉터는 각인처럼 새겨져 엄마와 나를 고통의 지옥으로 몰아넣는다. 죽여달라 외쳤던 그 울음에 엄마는 피눈물을 흘렸음을.

목욕탕에 다닌다는 건 꿈도 꾸지 않는다. 남몰래 씻어야만 한다. 흉터조차 나임을 받아들이고 나서야 목욕탕에 다닐 수 있었다. 그래도 쉽지 않다. 목욕탕에 가면 구석에서 얼른 씻고 나오기 바쁘다. 하지만 빨간목욕탕은 다르다. 언젠가 흉터를 보고 경숙이 언니가 묻는다.

"여는 와 이렇노?"
"흉터예요. 켈로이드 체질이라는데 옛날에는 그걸 몰라가지고……. 아프지는 않아요. 보기는 싫은데."
"……. 고생했다."

 모든 걸 알고 있는 것만 같다. "고생했다."라는 한마디가 엄마와 내가 겪었던 아픔을 다 알고 있다고 말해주는 것만 같다. 신기하게도 이 한마디로 모든 게 편안해진다. 빨간목욕탕은 내 모든 걸 다 받아준다. 평생을 일그러진 채 순간순간 우울에 빠지게 한 흉터마저도 편안해진다. 이젠 아무렇지도 않다. 흉터가 있는 이 모습 이대로가 나임을 빨간목욕탕은 말해준다.

 그래서이다. 그렇기에 빨간목욕탕이 사라진다는 소식을 여전히 받아들이지 못한다. 일주일 내도록 안절부절. 아무것도 할 수가 없는 상태다. 내가 있는 곳이 어디인지 내가 숨은 쉬고 있는 것인지 아무것도 알 수 없는 상태. 한마디로 패닉이다.

그 새벽. 회색 세상을 뚫고 간 그곳에는 여전히 따뜻한 엄마가 있다. 두 손을 가지런히 모은 채 온화한 미소를 짓고 평화롭게 자고 있다. 아기가 엄마 품에 안겨 행복하게 잠을 자듯 그렇게 잠에 빠졌다.

그저 눈을 감고 있을 뿐이다. 그저 잠을 자고 있을 뿐이다. 언니가 잘못 알았다며 형부가 잘못 전화했다며 웃는다. 잠자는 엄마를 왜 보내는 거냐며 그렇게 웃는다. 따뜻한 엄마를 왜 커다란 가방에 넣는 거냐며 화를 낸다. 지퍼를 다 잠궈버리면 엄마가 숨을 쉬지 못한다고 그러면 안 된다며 울부짖는다. 따뜻한 엄마를 왜 차가운 냉동고에 넣는 거냐며 피를 토하며 소리를 지른다. 그러지 말라고 울음을 토한다. 세상이 떠나가라 울며 고함을 지른다. 그러지 말라고. 엄마를 그러지 말라고. 우리 엄마 따뜻하다고. 그러지 말라고. 제발 그러지 말라고. 그렇게 그렇게 울부짖었다.

아직도 엄마를 보내지 못한다. 마음속에 엄마를 묻어둔 채 멍하니 하늘만 바라보며 살아간다. 그런 내게 빨간목욕탕이 왔다. 빨간목욕탕은 단순한 목욕탕이 아니다. 엄마이다. 엄마가 내게 보내준 선물이다. 이곳에서 엄마를 만난다. 나를 만난다.

 막내인 나 때문에 죽을 수도 도망갈 수도 없었던 엄마를 만난다. 새벽부터 밤늦도록 일하며 손가락이 굽도록 일하며 자식새끼 키워낸 엄마를 만난다. 평생을 힘들게 살다 간 나의 엄마가 이곳에 있다. 막내인 나를 업고 세상 다 가진 웃음을 짓는 엄마를 만난다. 아프면서도 자식 걱정 먼저이던 엄마를 만난다. 평생을 자신을 돌보지 않던 엄마를 이곳에서 만난다. 엄마 계신 그곳에서는 그러지 말라며. 모든 것 잊고 오직 자신만 생각하며 살라고. 그렇게 전한 엄마를 이곳에서 만난다. 그렇기에 빨간목욕탕은 단순한 목욕탕이 아니다.

 빨간목욕탕에서 만난 언니들을 보며 이제야 그 사랑을 표현한다. 자신을 아끼고 챙길 줄 아는 언니들을 보며 그렇게 살지 못하고 간 엄마에 대한 미련. 아쉬움. 안타까움. 그리움이 오늘도 나를 울린다.

 빨간목욕탕은 단순한 목욕탕이 아니다. 육신의 건강을 위해 찾아왔지만 영혼까지 살려준 곳이 빨간목욕탕이다. 이곳에서 엄마의 정을 느낀다. 엄마의 사랑을 받는다. 가슴에 박힌 흉터를 보며 차라리 당신 가슴으로 가져갔으면 좋겠다던 엄마. 평생 지울 수 없는 흉터를 새겼음에 너무 미안하다며 그 시절 왜 그리 가난했는지 모르겠다며 쓴 미소 짓던 엄마. 당신 가슴 피멍 들도록 악에 받쳐 소리치던 막내를 그래도 그것이 살리는 길이라며 피가 나도록 이 꼭 깨물던 엄마. 그 엄마를 빨간목욕탕에서 만난다. 빨간목욕탕은 나의 엄마다.

엄마에게 아픈 자식이던 막내가 이젠 엄마를 사랑하며 안아줄 수 있는데 엄마는 없다. 엄마는 곁에 있어 주지 못한다고 빨간목욕탕을 내게 보내준다. 이런 빨간목욕탕을 어떻게 보낼 수가 있는가.

너무도 고통스러워 땅속으로 머리를 숨기고 꺼져버리고만 싶었을 때 나를 일으켜 세운 것이 빨간목욕탕이다. 이곳에 와서 다시 살아갈 힘을 얻는다. 지금 살아있음이 얼마나 소중하고 감사한지 알게 해준다. 지금 이 삶이 얼마나 축복받은 것인지 알게 해준다. 그러면서 말한다. 나를 아끼라고. 흉터가 새겨진 이대로의 나를 사랑하고 소중히 하라고. 엄마 계신 그곳 가는 그날까지 더 건강하게 살아가라고.

이젠 빨간목욕탕에 사람이 많이 줄었다. 늘 오던 우리 언니들만이 여전히 자리를 지킨다. 빨간목욕탕이 가는 마지막을 함께 하기로 약속이라도 한 것처럼 묵묵히 오늘도 빨간목욕탕으로 간다.

 조금만 조금만 더 곁에 있어 주면 좋겠다. 언제가 될지 모르겠지만 떠나보낼 수 있도록 마음이 좀 더 단단해질 때까지. 조금만 조금만 더 곁에 있어 주면 좋겠다. 그리고 1년이 지난 후 새롭게 태어나는 그날. 지금 있는 언니들과 모두 다시 만났으면 좋겠다. 단 한 사람도 빠지지 말고. 모두 다 다시 만났으면 좋겠다. 그때까지 모두 건강하도록 빨간목욕탕이 지켜줄 것이다.

 그치? 빨간목욕탕아! 네가 가는 그날까지 함께할 것이야. 네가 나를 위해 울어주었듯이 내가 너를 위해 울어줄 것이야. 그래 그럴 거야. 빨간목욕탕이 웃는다.

빨간목욕탕

초판 1쇄 인쇄	2025년 6월 4일
초판 1쇄 발행	2025년 6월 16일

지은이	필이
펴낸이	이장우
책임편집	송세아
일러스트	여우지니 (@foxjjjjin)
디자인	theambitious factory
편집 제작	안소라 김소은
관리	김한다 한주연
인쇄	KUMBI PNP
펴낸곳	도서출판 꿈공장플러스
출판등록	제 406-2017-000160호
주소	서울시 성북구 보국문로 16가길 43-20 꿈공장 1층
이메일	ceo@dreambooks.kr
홈페이지	www.dreambooks.kr
인스타그램	@dreambooks.ceo
전화번호	02-6012-2734
팩스	031-624-4527

* 저자 고유의 '글맛'을 위해 맞춤법 및 표현 등은 저자의 스타일을 따릅니다.

이 도서의 판권은 저자와 꿈공장플러스에 있습니다.
이 책은 저작권법에 의해 보호받는 저작물이므로 무단전재와 무단복제를 금합니다.

ISBN	979-11-92134-97-0
정가	18,300원